株はメンタルが9割

投資家脳に変わらなきゃ
株は一生勝てない

長田淳司［著］

双葉社

株はメンタルが9割

投資家脳に変わらなきゃ株は一生勝てない

はじめに

サラリーマンでも株で儲けることはできる！

皆さんは、どのような立場で株式投資をされていますか？

専業トレーダーとして本業で株式市場に立ち向かっている方もいるでしょう。

本業を別に持ちながら株式投資をしている兼業投資家の方もいるでしょう。

あるいは、これから株式投資を始めようという方もいらっしゃることでしょう。

株式投資への取り組み方は、人それぞれだと思います。

最初にお断りしておきますが、本書でご紹介している株式投資法は、主に〝兼業投資家（これから始める方も含む）〟に向けた手法です。

日計りのデイトレーダーや、株を本業として目先の利益を追求している投資家の方には、あまりお勧めできない投資手法かもしれません。

それ以外の主に兼業投資家の方には、本書の内容を参考にしていただければ役に立つ投資手法であると確信しています。

なぜなら私自身が現役サラリーマンの兼業投資家で、本書の投資手法で着実に資産を増やしてきているからです。

ご挨拶が遅くなりました。私は現役サラリーマンの兼業投資家であり、株式セミナーの講師も務めている長田淳司と申します。

普段は某金融機関に勤務するサラリーマンです。サラリーマンをしながら株式投資を続けている兼業投資家ですから、皆さんと同じで株式に関する特別な情報もなければ、機関投資家のような専門的な投資手法もありません。私がやっているのは、誰でもできる、ごく普通の投資法です。

これまでの投資歴は15年以上になりますが、数々の失敗（いえ、大失敗）もあれば、10倍以上に値上がりし、いわゆる〝テンバガー〟を達成した大成功銘柄もあります。

失敗の中から自分なりに見出した投資手法で、地道にコツコツと投資を続けてきたおかげで、投資資金は株式投資を始めた当初と比べて１００倍以上になりました。スタート当初50万円から始めた資金は、現在７０００万円以上。あと数年で〝億り人〟に手が届くところまでやって来ました。いちサラリーマン投資家としては、十分な成果を出せていると自負しています。

途中、いわゆる暴落を含めて相場の下落局面を何度も経験しました。そのたびに手持ちの資金が削られてメンタルがやられそうになりましたが、なんとか乗り切ってここまで来ました。そうした様々な投資経験から見出したのが、現在の私の投資手法です。

おかげさまで2021年1月に出版させていただいた初の著書『10万円から始めて資産を200倍にする小型成長株投資』（フォレスト出版）は、好評をいただきました。前作をお読みいただいた多くの読者の方から「第2弾が読みたい」との声にお応えして書かせていただいたのが本書です。

本書では、私が株式投資で特に重要だと考えている〝思考法〟や〝メンタル〟について書かせていただきました。

「同じ条件のもと、同じ銘柄に投資して、儲かる人と損する人がいるのはなぜなのか？」

その答えが本書には書かれています。

それでは〝儲かる思考法〟〝儲かるメンタル〟とは何か？

それは本書をお読みいただければ分かると思います。

では、その前に自己紹介を兼ねて、私がどうやって現在の投資手法に行きついたのか、それを簡単にご紹介させていただきましょう。

株式投資をすでに始められている方も、これから始めようとしている方も、私の投資経験は必ずやお役に立つと思います。

2021年7月吉日　長田淳司

Contents

Contents

第3章 メンタル投資術・実践編

Contents

第1章

“勝てる投資家”になるための思考とメンタル

“一流投資家”を目指さず“二流投資家”を目指せ!!

株式投資との出会い

私が初めて株式投資を知ったのは大学生の時です。以前から株式投資をやっていた祖父のひと言がきっかけでした。

その頃の私は、株式投資はおろか、政治・経済にもまったく興味がありませんでした。気の合う仲間とサークル活動をし、アルバイトの家庭教師代もすぐに使っていたので、当然ですが貯蓄はほとんどありませんでした。

そんな大学3年生の夏のこと。遠方に住んでいた祖父の家に帰省した際、祖父が「おまえも株をやってみらんか?」と聞いてきたのです。

「50万やるから自由に好きな株をこうてみろ。面白いぞ」——と。

当時の私にとって株式投資は未知のもの、縁遠いものという印象でした。母親が株式投資をしていることはなんとなく知っていたものの、家族の間で株式が話題になることはありませんでしたし、投資に関する知識などまるでないお気楽な学生でした。

当時、2000年代半ばの株式市場は、最低単元株数は現在と違って〝1000株〟が中心でしたので（一部の値嵩株は100株単位の株もありました）、最低投資単位が20～30万円程度。50万円で買えるのは、せいぜい1銘柄（1単元）か、2銘柄（2単元）でした。

祖父から預かった投資金額50万円を元手に「どの株を買おうか」と何気なく新聞の株式欄を見てみると、上場企業の前日の株価の値動きがズラッと並んでいます。

「こんなにあったら、どの株を買えばいいのか分からない……」

悩んだあげく、誰でも名前を知っている会社の中から〝NTT株1株〟を購入しました。

するとビギナーズラックに恵まれて、1か月もたたずに株価が上昇。首尾よく10万円の儲けを手にすることができました。

「何も働いていないのに、お金が増えた！」

学生にとってアルバイトで10万円を稼ぐのはとても大変です。それがあっという間に10万円も儲けることができた。最初の利益確定はうれしくて仕方がありませんでした。

こうして私は、一気に株式取引の虜になったのです。

日常生活も変わりました。日経新聞の内容やテレビのニュースに敏感になり、投資を覚え始めた人によくあるように、他の人が知らない相場の知識を覚えることが快感になっていました。

投資成績はといえば、ビギナーズラックで儲けたNTT以降は、儲かったり損したりを繰り返していました。

リーマンショック、さらに日経平均オプションで全財産を失う

大学を無事卒業した後、社会人になってからの私は本格的に株式投資を開始します。

新入社員の給料は少なかったものの、実家暮らしということもあり、1年目が終わる頃には貯金額は100万円程度になっていました。2年働くと手元資金は250万円程度まで増え、投資成績は順調。当時の株式相場は小泉政権のもと、買えば上がる相場が続いていましたので、250万円の資金が500万円になるのに、さほど時間はかかりませんでした。

ところが、株式投資で順調に資金を増やしていた2008年の秋、リーマンショックが起こったのです。

イケイケだった相場は下落を続けていきます。持ち株もどんどん下がっていく。円高ドル安がすごい勢いで進んでいき、1ドル80円を割り込む展開になっていきます。保有する資産は、見るたびに数十万円単位で減っていく。まさに〝資産が溶けていく〟感覚です。

それでも、含み益だけが減っているうちは、まだ正常な精神状態を保っていました。リーマンショックはアメリカ発の金融危機なので日本には関係がないという論調が株式市場の多数派でしたので、そのうち落ち着いて上昇局面に転じるだろうと考えていたのです。

ところが、次第に日本の金融機関に影響が出てくることが分かるようになり、さらに実体経済へ

の影響が深刻化してくると、次第にテレビや週刊誌では「百年に一度の大不況」というキャッチフレーズが躍るようになります。

08年の後半になると、株式市場は恐慌の様子を呈してきました。それと同時に私の株式投資資産も、あっという間に200万円を割っていました。そのままじっとしていればよかったのですが、欲をかいてとんでもないものに手を出してしまいます。

リーマンショックで損失が膨らんできたのを挽回すべく、一発逆転を狙って「日経平均先物オプション取引」に手を出してしまったのです。

オプション取引は使いようによっては便利な取引ですが、基本的にはプロが得意とする取引です。ご存知ない方にご説明しますと、日経平均オプション取引は、保険商品の売買のようなものです。保険を買う方はもしものために備え、保険を売る方は統計上利益が出る水準で保険を売ります。確率的には圧倒的に保険を売るほうが有利なのですが、思いもよらないような事態が発生した時には、売り手が不利になるのです。

私がやっていたのは〝保険の売り手〟になることでした。確実に儲かるように見えるオプション売り取引を始めました。これは株式市場の価格が一定の範囲に収まるという想定で取引をするということです。すると、ここでもビギナーズラックがやってきて、最初の2回は儲けることができました。相場の戻りは鈍いと思い、株価が上昇しない方向（売り）にしばらく賭けていたのです。

しかし、3回目で私は株式市場の洗礼を浴びることになります。株式相場は思いのほか上昇を続けていきます。これまでであれば下がってもおかしくない水準で、下落するはずの日経平均株価が下がりません。下がるべきところで下がらず株価は横ばいとなり、数日間我慢していると、今度はそこからグイグイと株価が上昇していきます。

私は祈るような気持ちになりました。

「なぜ株価は上がるんだ？　今は不景気で今後も株価は下押ししていくはずじゃないか。今少し我慢していれば下がるはず。下がってくれ！」

あの苦しい感覚はレバレッジ取引で大損した方しか分からないかもしれません。株式投資ですと含み損を抱えても、およそ損失額の計算ができるのですが、レバレッジのかかったオプション取引では、思惑と反対方向に株価が動いた場合には想定していないような大きな損失が生まれるのです。ポジションを持っていても地獄、実際に損切りしてしまうのも地獄……という状態に追い込まれていきます。

自分では〝数万円の利益〟を頭に入れて取引していたのですが、自分の思惑とは反対方向に株価は動いていきます。どんどん膨れ上がっていく損失。〝借金を抱えるわけにはいかない〟――そのギリギリのラインで設定していた損切りポイントに、あっさりとオプションの価格は到達しました。

今までモニターに表示されていた赤いマイナスの文字がスッとゼロになり、代わりに証拠金がごくわずかになりました。あまりにも無機質にロスカットが行われた現実が受け入れられず、しばらく画面の前から動くことができませんでした。

あっという間の出来事でした。

結局50万円を損して、私のオプション取引への挑戦は終わりました。

リーマンショックでの損失、さらに一発逆転を狙った日経オプション取引での惨敗……私は投資資金のすべてを失ってしまいました。それはつまり、当時の私の全財産を失くしてしまったということです。

暴落に巻き込まれている時には精神的にも不安定になります。仕事をしていても株式投資でやらかしてしまった損失のことばかりが気にかかります。日系企業であれば20代若手の給料は20数万円ですから、1日働いて1万円もらえるかどうか。1年以上ただ働きをしても戻らないような金額をこの半年間で損してしまったのです。

本当に疲れ果てました。入社からコツコツやってきた投資が全部無駄になったということが悲しくて仕方がなかったのです。20代にとって500万円もの損失はかなり大きい。

「どうせ相場でスッてしまうのだったら、散財したほうがずっとマシだった。株の損失分のお金があれば、何ができただろう。旅行に行くこともできたし、外食も相当できた」

無駄だと分かっていても電卓を持ち出してきて、どれだけのことができたか考える日々。「海外旅行で30万、外食で10万を使えたとしたら……。靴や鞄も新調できたなぁ……」などと、無駄な思考を巡らせ続けます。これって、別れた彼女を忘れられない傷心男の心理そのもの……。

今思い出しても情けない限りですが、投資初心者だった当時の自分は、ただただ手元のお金がな

【参考】リーマンショック時の日経平均株価チャート

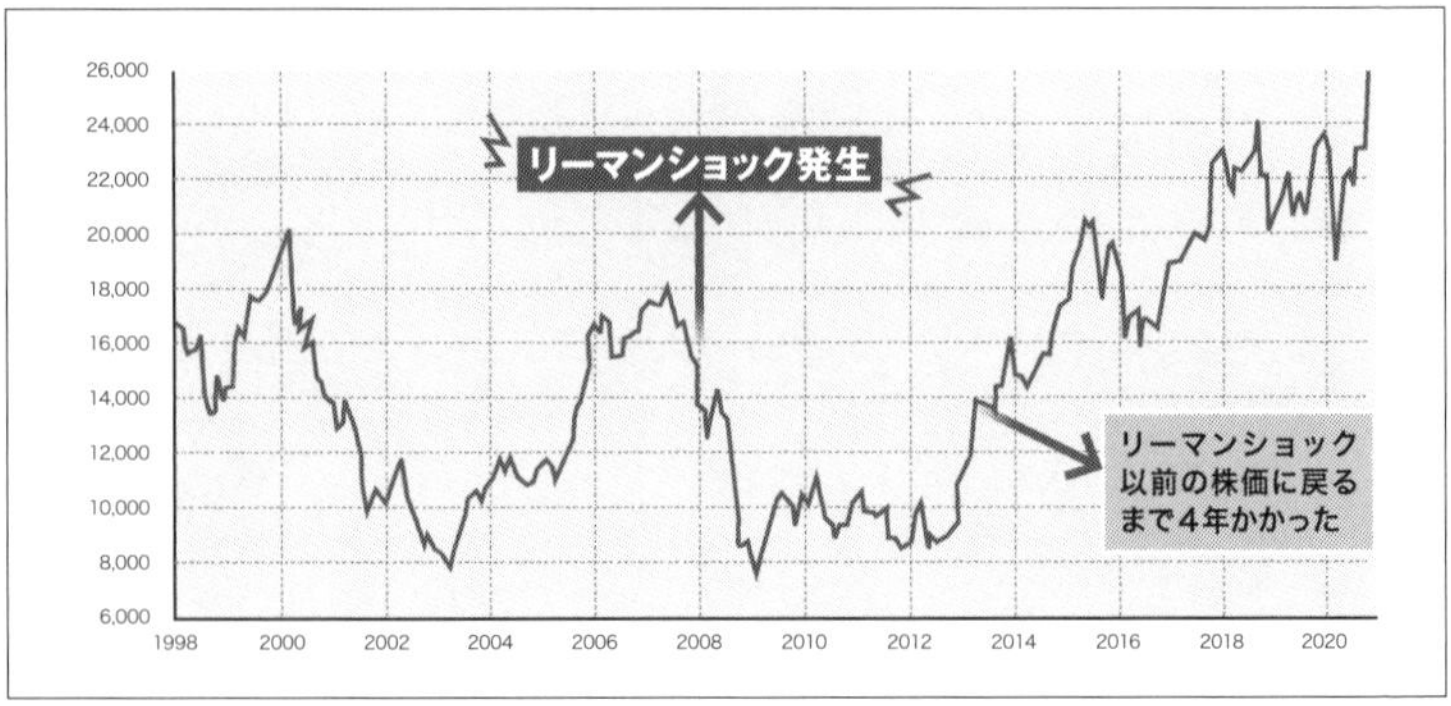

2007年、米国での住宅バブル崩壊をきっかけに始まった世界規模の金融危機。米国投資銀行リーマン・ブラザーズが多額の損失を抱えて倒産。米国株の暴落は日本市場にも波及し、18,000円だった日経平均株価は一時6,000円台（6,994.90円）まで暴落。回復までに4年以上を要した。

くなったことに落ち込んでいたのです。

それから1か月ぐらい落ち込み続けていたでしょうか。

しかし、投資家というのは落ち込んでいても、またしばらくするとムクムクと山っ気が生まれてくる生き物です。一敗地にまみれた株式投資の世界で「もう一度挑戦してみよう」という気持ちが湧いてきたのです。

どん底で出会った〝人生を変えた〟株の金言

私がまず取り組んだことは、これまでの投資手法を反省してみることでした。

今までの投資手法の何がいけなかったのか。リーマンショックという想定外のことが起きたとはいえ、下落が本格化してきた2008年後半は日経平均オプション取引をするなど、自分でバタバタと無茶な取引をして資産を必要以上に減らしたことは事実です。

振り返ってみると、当時は株式投資に必要な〝冷静さ〟を失っていました。株を売買する際に、最初から〝興奮〟した状態で入っていたのです。そして、株価が上げればすぐに利益を確定し、下がるとそのまま塩漬けにする。典型的な〝負ける人のトレーディング〟が習慣となっていたのです。

なんとかして、これを徹底的に排除しなければ、また同じことを繰り返します。

「今のやり方ではいけない。暴落時に何度もあたふたしてしまうのを避けたい」

こう反省した私は、安定的に株式投資が続けられるようなやり方を考え続けました。

「どうすれば、自分の今までの投資手法を変えることができるのか」

周囲に株式投資に詳しい人がいませんでしたから、私は株式に関する書物を読み漁りました。専門書を読めば株式投資で成功できるとは限りませんが、当時は投資を続けるための心の支えが欲しかったのです。

投資に関連する様々な本を読みましたが、邱永漢氏の著作からは得るものがありました。日本統治下の台湾に生まれた邱氏は、「金儲けの神様」と呼ばれた人物で、経済評論家、経営コンサルタントとして活躍しました。

中でも一番印象に残っているのは、

「株式投資の儲けは我慢料」

という金言でした。

「株を買うには欲しい金額になるまで我慢、一時的にそこから株価が下落しても上がるまで我慢、売ってからすぐにまたポジションを取らず、チャンスが来るまで我慢」

投資は我慢の連続だというのです。

「我慢をし続けた対価が利益である」という考えに、私はショックを受けました。

それまでの私の投資手法といえば、投資タイミングを計る我慢も知らず、買いたい時に買って、売りたい時に売る。少し利益が出たらそれを確定して、損失が出たらナンピンや塩漬けをする。そういうものでした。

とても〝手法〟などと呼べる代物ではありません。ただ好き勝手に感覚に任せて株の売り買いをしていただけ。私が投資で少し調子が良かったように見えたのは、たまたまリーマンショック前の上昇相場で誰でも儲けることができる相場だったからでした。

しかし、そのやり方ではどうしても〝利益が少なく、損失が大きくなる〟という投資パターンになりがちです。つまり、リーマンショックが来ようと来なかろうと、この取引手法を続けていたら、いずれは損をしていたのです。

“サラリーマンであるメリット”を活かした投資法

どんな本を読んでも私は基本がなっていないことがよく分かりました。自分がやっていたことは典型的な“ダメ投資家”の取引手法そのものだったのです。

しかし、なくなってしまったお金を嘆いていても仕方がないし戻ってきません。投資にもう一度挑戦するのであれば、次の行動に移らないといけません。

一敗地にまみれた私が株式市場に再挑戦するわけですから、今度は無理のない投資手法を選ばなければなりません。これまでやっていたような適当な売買ではうまくいかないことが分かったのですから、身の丈に合った投資法を確立する必要がありました。

そこで、気が付いたのです。サラリーマンであるメリットを活かして資産を増やしていく方法はないのか？

リーマンショックで財産を失いましたが、幸い私はサラリーマンで毎月定期的な収入を得ることができます。専業投資家であれば資産がなくなれば即退場ですが、兼業投資家は投資を続けている限りチャンスはある。そう考えたら、闘志が湧いてきました。

最初は損失を一気に取り戻そうとして、資産倍増が可能な短期取引にも挑戦してみましたが、短期投資の難易度は実はとても高いことが分かりました。刻々と移り変わり続ける相場の中で、常に自分が儲かるような方法を考え出すのはとても難しい。自分よりも資金量・経験ともに豊富なセミプロの個人投資家や、機関投資家（コンピュータトレーディングを利用）がモニターの向こうにいるのですから、彼らの動向を読みながらすぐに対応しなければならない短期取引は、株の素人でサラリーマンの私には向いていないと判断しました。

そこで私は、短期的な相場環境に左右されない長期投資を狙うことにしました。加えて、目標も立てました。それまでは何となく投資をしていたのですが、まずは「50歳で資産1億円」を目指すことにしました。

毎年の収入の一部を投資最優先で投資資金として組み込んでいけば、20年で2000〜3000万円はいけるはずです。もし失敗しても、おそらく1000万円は残るだろうし、大成功すれば〝億り人〟のチャンスです。退職金も含めれば、あとはゆったりと暮らしていけるだけの資産が貯まる。

「この方法なら、リスクとリターンでいえばリターンのほうが高い」と、改めて判断しました。

損した500万円は確かに痛かったのですが、それでもまだ時間があるし、あとからゆっくり挽回していけばそれでいい。「20代のうちに暴落に巻き込まれて資産がなくなるのは、40代、50代になってから大きな損失を出すよりもずっといいだろう」と、プラス思考に切り替えました。

言うなれば、損失を被ったのがリーマンショックならば、私がタネ銭を作ったのもリーマンショックだったのです。

当時の低迷した株式市場では、高値で持っている人からすると証券口座にログインしたくないぐらいの株価でしたが、新規で購入する私にとってはチャンスとも言えました。経済の先行きは真っ暗、民主党政権で株価上昇となるような話が一つもないリーマンショック後の株価は、すべてが激安状態。配当利回りで見ても５％ぐらいの利回りがつく優良銘柄がゴロゴロしていました。

当時はそれでも、業績の悪化に伴い配当金はこれから減るということが噂されており、配当利回りが高い銘柄が放置されていたのです。

配当金は一度決定すると、その金額をなんとか維持しようとするものです。上場企業は少し不景気になるだけで会社が傾くような財務体質ではありません。総じて、それまで蓄積してきた内部留保（個人に置き換えて言えば、銀行預金でしょうか）を蓄えているので、それを原資として同水準の配当を継続することができます。「配当利回りが５％の銘柄を１００万円買えば、５万円が安定して入ってくる」と判断し、私は給料が入ってくるたびに天引き投資で株式を買い続けました。

当時買った銘柄には、アマノ（６４３６）、日本マクドナルドホールディングス（２７０２）、マニー（７７３０）……などがあります。

「バカになって株を買い続ける」マインドの形成

さらに、私にとってラッキーだったのは、リーマンショックの数年間は株価が上がることがなく割安な水準で4年間程度推移したことです。

この4年間は、毎月入ってくる給料に加えてボーナスを投資に回し続けました。当時は配当利回りが高かったので、次第に配当金から入ってくる金額が増えてきたことも、投資を続ける後押しになりました。

当時、世間では「現在は100年に1度の大不況」といわれていましたが、私にはそうは思えませんでした。日本の過去100年間を振り返ってみると、もっと大変な時期はあったはずです。

100年前といえば日露戦争が終わった直後です。関東大震災、太平洋戦争、オイルショック、バブル崩壊、金融不安……と、私たちの両親、祖父母、曽祖父母世代は大きな苦難を乗り越えてきて、今の日本経済を作り上げてきました。私にとっては歴史上の出来事でしかありませんが、想像力を働かせて振り返るだけでもリーマンショックが100年に1度とは私には思えませんでした。

ご飯は3度満足に食べることができて、爆弾も降ってこない、スリやひったくりに遭うこともない。毎日つつがなく日常を過ごすことができているのに、この程度の不況で軽々しく〝100年に1度〟と言ったら、ご先祖様に失礼です。確かに株価は下落していましたが、私には日本経済がこのまま沈没していくとはどうしても思えませんでした。

ところが、リーマンショックから3年後、東日本大震災でまたも株価は暴落します。

しかし、再び投資を始めて3年が経った私には、「バカになって株を買う」というマインドが備わっていました。

当時はまだ大した資金もありませんので暴落時に大きく買うというわけにはいかなかったのですが、それでも暴落局面で慌ててバタバタ売りに走ることはありませんでしたし、平常心で粛々と銘柄の購入を続けました。原発から放射性物質が飛散して投資どころではないという時も、計画停電時も投資を続けました。

そして、2012年末からアベノミクスが始まります。

民主党政権が終わり、安倍首相率いる自民党が政権を奪還してから、導入された金融緩和政策が好感され株価が一気に跳ね上がりました。結果的には少し早く手放し過ぎたかなと思いますが、これまで配当金狙いで保有していたJ－REIT（不動産投資信託）も上昇したので、ラッキーにも私はアベノミクス開始前に持っていた700万円程度の資産を、アベノミクス初期の暴騰で1500万円まで増やすことができました。

そこからは、安定して資産を増やすことを考えるようになりました。ある程度、株主優待や配当金をもらえる仕組みを作りつつ、成長株で利益を出すというスタイルを目指すようになったのです。

アベノミクス相場が続く中、一定の配当金を受け取りつつ、株価が何倍にもなる成長性の高い銘柄に投資する——私の投資のリズムが整ってきました。リーマンショックで大きくやられた経験を活かして、利益ばかりを追い求めるのではなく配当金をもらえる銘柄を中心に組み入れるなど、資産規模が増えてくるにしたがって、少しずつディフェンシブな銘柄も入れるようになりました。

株式投資の勝ち負けは〝メンタル〟で決まる!

その後も2016年のチャイナショックなど、毎年のように暴落が起こり、株価が下がることはありましたが、株価が下がるたびに「株式投資の儲けは我慢料」という言葉を心の中で唱えました。様々な理由で株式市場が暴落することはあるけれど、その時々の理由はきっかけであって株式市場は定期的に暴落するものだと考えていればいいのです。

暴落する理由を詳しく分析するよりも、暴落は避けられないもの、起こるものとして考えておけばいいのです。理由の分析は評論家の仕事で、投資家の仕事は「では、どうやって対応するか?」の一点です。株価は暴落のたびに毎度力強く回復してきたのですから、いつかは回復するとシンプルに考えることも大切です。

株価が大きく暴落するときは、実体経済が一時的に傷む、あるいは傷みそうだと不安視された時です。政権の動揺、経済混乱、自然災害、その他テロなどの事件が起こると、市場に動揺が走って暴落を引き起こします。

その渦中にいると、どうしても実体経済が傷んでいるという目の前の状況が気になり、株価はこのまま回復しないようにも思ってしまいますが、実体経済というのは、しなやかに経済の現実を受け止めて再度成長に転じます。何の根拠もなく、適当に放談するのが仕事の評論家と違って、実業の世界に生きている会社は変化した環境の中で必死に生き残っていくからです。

仮に上場企業が環境変化に適応できないのであれば、もう株式投資なんて考えていても無駄でしょう。それまでの投資経験を通して、私は「それくらいの覚悟でドンと構えておけばいい」と考えられるようになっていました。

私は現物投資しかやりませんので、退場はあり得ません。

信用取引では、担保としている株式の価格が下落して担保価値が下がってしまうと、〝追証〟と呼ばれる追加保証金（現金）を証券口座に入れないといけません。もしそこで追証が入金できないとなると、持ち株が強制売買されて多額の損失を被ることとなり、株式市場から〝退場〟せざるを得ないという悲惨な事態にもなりかねません。

しかし私も実践し、本書でもお勧めする〝現物取引〟であれば、誰がどんな売り仕掛けをしてこようが退場はありません。相場に絶対はありませんが、現物投資だけで破産することは理論上も現実上もないのです。

数々の失敗から学んだ私は、いつの間にか、株価が下落していったときは「下げるなら下げろ！いくらでも買ってやる！」という心境になっていました。

上場株式に関する基本的な投資情報は、すべて公開されています。金融商品取引法、会社法、そして取引所の規則により上場企業は定められた情報を決められた時期までにすべて出さなければならないからです。仮に不動産投資のように、一部の投資家にしかオイシイ情報が開示されていないのであれば、成功するためには、まず〝ここだけの話〟つまりインサイダー情報を入手するために行動する必要があるのかもしれませんが、株式投資に限っては、それは当てはまりません。

昔は証券マンからいかにインサイダー情報を入手するかというのも株式投資家の実力のうちでしたが、今では立派な犯罪行為です。証券会社も厳しく情報統制していますし、上場企業も情報管理を厳格にするようになっていますから、インサイダー情報を入手することは一般人には不可能です。ということは投資家は皆、同じ情報を見て同じように投資をしているわけです。それでも成功する人、失敗する人がいるということです。

現在では様々な情報源がありますから、情報収集の努力をすれば業績が上昇しているかどうかを調べること自体はとても簡単です。個人投資家に人気がある銘柄を丁寧に紹介してくれるブロガーさんもたくさんいます。それらも広い意味での公開情報として考えますと、儲かりそうな銘柄とは、言わばすべて公開されているとも言えそうです。

売買技法についても、すべて公開されていると言えるでしょう。投資スタイルは千差万別ですが、株式投資の取引スタイルは大まかに分けて価格変動に着目して値幅を取る短期取引、そして企業価値が上昇していくまで会社の株を保有し、結果として株価の値上がり益を享受する中長期投資に分けられます。

本書を執筆するにあたって『日経マネー』、『ダイヤモンドZAi』といった株式投資雑誌や、初心者向けの株式投資本を数冊読んでみましたが、投資手法については先達が詳しく解説されています。ウェブサイトでも投資手法を細かく解説されている奇特な方が多数いらっしゃいます。儲かりそうな銘柄は公開情報で得ることができて、かつ、その投資手法もほとんど公開されている。

このような平等な条件のもとでも、同じような銘柄を売買して、儲ける人と損する人がいるというのはいったいどういうことなのでしょうか。ここに、株式投資の最大の秘密が隠されています。

「なぜ株式投資で勝つ人と負ける人がいるのか？」

この疑問について、私は自分自身の投資経験に照らし合わせて考えてみました。

その結果分かったことは、

「成功する投資家と失敗する投資家を分けているのは、メンタルの違いだ」

という結論でした。

もっと詳しく言えば、

「〝普通のメンタル＝消費者脳〟から、どれだけ〝投資家脳〟にシフトチェンジができているかが、勝負の分かれ目ではないか」

そう思うようになりました。

株式投資はいつでも始められるハードルの低い投資方法です。しかし、簡単に始められるがゆえに、投資家として必要なメンタルを身につけることなく投資に臨むことで、典型的な失敗を犯してしまう方がたくさんいます。

かつての私もそうでした。株価の変動に右往左往して精神的に不安定になり、慌てて売って損したり、逆に値上がりしたからといって勇んで売ってその後の急騰を逃したり。ひと言で言えば、何の投資手法もなく、自分の好き勝手に、ただただ株を売ったり買ったりしていただけです。

そんな落ち着きのない、腰の据わっていない投資方法では勝てるはずがありません。当時の私には〝勝てる投資メンタル〟がまったく身についていなかったのです。だからこそ、皆と同じ銘柄を売買しても負けていたのです。

私は自分が講師を務めている株式セミナーで自らの失敗を赤裸々に告白していますが、同じような失敗経験をされている投資家のいかに多いことか。

成功する方法は人それぞれですが、失敗する方法には共通点があります。

本書では現役の兼業投資家である私が、これまで経験してきた投資の失敗談、そして、そこから学ぶべき教訓をまとめてあります。

私は皆さんより少し前を走っているだけの投資家で、まだまだ勉強中の身です。いまだに、時々大きなミスもします。言うなれば私は〝二流投資家〟です。それでも株式投資で着実に資産を増やせるようになったのは、先に書いたように〝投資家脳〟にチェンジできたからなのです。

皆さんも一流投資家を目指す必要はありません。二流投資家で十分に勝てます。

【参考】わたしの株式投資体験

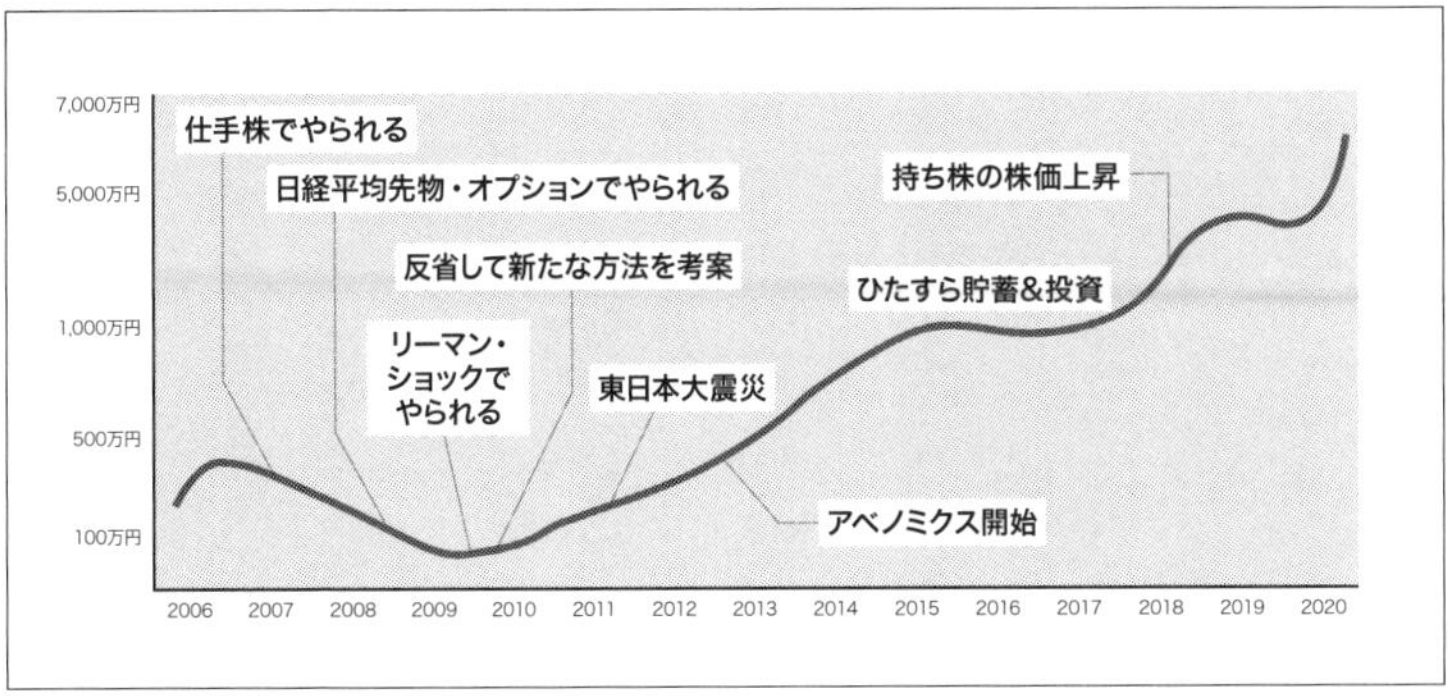

株式投資初期の失敗体験をもとに習得した中長期投資手法により、2010年以降は相場環境の変化に影響されず順調に資金が増えていることが分かる。

そのために必要なのは〝負ける投資手法〟からの脱却です。

本書で伝えたいメッセージは、これから投資を始めようという方、あるいは投資はすでにやっているけれどもなんとなく投資が上手くいかない方にとって、しなくてもいい失敗を回避でき、成長までの時間をグッと短縮するという意味で、必ずやお役に立てると信じています。

言わば本書は、株式投資に免疫がない初心者や初級者に向けた〝予防接種〟です。本書は必ずアフターコロナ時代の株式投資のワクチンとなるはずです。

その決め手となるのが〝メンタル〟です。

「株式投資の勝ち負けは、メンタルで決まる！」

それでは、実際にアナタを〝投資家脳〟に変えるべく、「儲かる株式投資家になるためのメンタル」について見ていきましょう！

【参考】筆者が所有している株式銘柄一覧

銘柄	保有株数	取得単価	現在値	評価損益
ヒノキヤグループ (1413)	300	1,375	2,566	355,500
エイジア (2352)	200	857	2,130	254,600
カカクコム (2371)	500	1,696	3,410	857,000
手間いらず (2477)	800	4,988	6,420	1,145,600
NF 外 REIT ヘッジ無 (2515)	1,700	902	1,158	435,200
ピックルスコーポ (2925)	100	2,150	3,230	108,000
MonotaRO (3064)	600	1,942	2,575	379,800
Hamee (3134)	2,800	1,107	1,681	1,607,200
グリムス (3150)	3,000	1,036	1,812	2,328,000
ホットランド (3196)	100	1,135	1,408	27,300
GA TECH (3491)	1,000	2,857	2,023	△ 834,000
エニグモ (3665)	800	1,242	1,423	144,800
SHIFT (3697)	100	1,155	16,830	1,567,500
ラクス (3923)	2,800	912	2,261	3,777,200
IRJapan HD (6035)	200	296	13,830	2,706,800
シンメンテ HD (6086)	3,300	509	978	1,547,700
オプトラン (6235)	600	2,632	2,536	△ 57,600
野村マイクロ (6254)	500	686	3,850	1,582,000
技研製作所 (6289)	600	4,216	4,555	203,400
レーザーテック (6920)	100	8,835	20,630	1,179,500
GMOFHD (7177)	2,000	587	848	522,000
Eギャランティ (8771)	800	1,568	2,260	553,600
スターツ PR (8979)	1	161,133	243,800	82,667
シルバーライフ (9262)	100	2,045	2,419	37,400
日本 BS 放送 (9414)	100	977	1,111	13,400
NF 外 REIT ヘッジ無 (2515) ☆	250	960	1,158	49,500
Hamee (3134) ☆	500	587	1,681	547,000
SHIFT (3697) ☆	300	4,970	16,830	3,558,000
ラクス (3923) ☆	1,200	205	2,265	2,472,000

※現在値、評価損益は2021年6月中旬現在のもの。☆はNISA預りの銘柄。
現在の保有銘柄は25銘柄。大きな利益（含み益）が出ている銘柄を含めて2銘柄を除いて全銘柄がプラス（含み益）となっている。現在の含み益は2,700万円超。総資産額は7,000万円以上。

第2章

メンタル投資術
基礎編

株式投資ほど〝安全なもの〟はない

「株式投資を始めてみたいけれど、損をするのが怖くてなかなか始められない」

「株式投資はしょせん、上がるか下がるかの丁半博打と一緒。そんなギャンブルは危なくて手を出せない」

そんなふうに、株式投資について誤ったイメージを持っている方もいることでしょう。

私は今、はっきりと〝誤ったイメージ〟と断言しましたが、株式投資は決してギャンブルではありません。いいえ、ギャンブルどころか、株式投資ほど資産を増やすために安全で優位な手段はないのです。

こう書くと、「何をいい加減なこと言ってるんだ。株で大損した人がいっぱいいるじゃないか」と反論されそうですが、事実として株式投資ほど安全で優位な資産運用手段はありません。

私のようなサラリーマンの兼業投資家の方が、株式投資で資産を増やすにはどうしたらいいか、つまり〝儲かる投資家〟になるにはどうしたらいいのか（逆に言えば損しない、負けない投資家になるにはどうすればいいか）、そのためには投資技術以上に、考え方、メンタルのコントロールが重要になってきますが、まずは株式投資に対する誤ったイメージを払拭し、本来あるべき株式投資の真の姿を知っていただくために、株式投資とギャンブルの違いを理解していただきたいと思います。

それが、株式投資で負けない〝投資家脳〟に切り替わる第一歩です。

ギャンブルは〝ゼロサム〟ゲーム

ギャンブルに限らず、世の中には儲かりそうな話が溢れています。

それらの多くは眉唾物の怪しい儲け話ですが、いずれにしろ、儲けるためには冷静になって〝どれだけ儲かる可能性があるのか〟という取引の仕組みを知って期待値（儲かる確率）を確認し、なるべく勝率の悪い取引を避けることが肝心です。スケベ心を捨てて冷静に判断すれば、その時点で危ない話には近寄らずに済むはずです。

日本で認められているギャンブルには公営競技（競馬・競輪・競艇・オートレース）、パチンコ（パチスロ）、宝くじ……とありますが、どれも勝率が悪いものばかりです。これらのギャンブルは胴元の取り分が設定されていて、長くやっていればいるほど搾取される分が増えていき、結果として負ける可能性が高いのです。

公営競技の掛け金のうち25％（オートレースは30％）は、運営団体の取り分となります。たとえば競馬では投票馬券全体の金額が１００万円だとすると〝75万円〟しか払い戻されません。25万円は常に胴元のＪＲＡに取られてしまうわけです。やるたびに75％にしかならないのですから、冷静に計算すれば、やればやるだけ資産が減っていくことが分かります。

パチンコ・パチスロの還元率は公表されている数字がないため推測の域を出ませんが、おおよそ〝85％程度〟だといわれています。85％という数字は他のギャンブルと比べると高いのですが、それでも15％は胴元に搾取されていることになります。

そもそもパチプロはさておき、一般人がパチンコやパチスロをやり続けた結果〝ひと財産築いた〟などという話は、ほとんど聞いたことがありません。一方で、パチンコやパチスロにハマって借金をこしらえたという話はよく聞きます。

宝くじの還元率は45％程度です。毎年、年末ジャンボのシーズンになると一攫千金を夢見て宝くじ売り場に並ぶ人を見かけますが、その人たちのうち当選して億万長者になるのは1000万分の1。一生買い続けても当たらない可能性のほうが高いでしょう。早い話が買った分だけ損するのが（10枚買えば1枚は最低金額だけ戻ってきますが）宝くじです。

ギャンブルの特徴は、ひと言で言ってしまえば〝ゼロサム〟ゲームだということです。つまり誰かが勝ったら、その分誰かが負けるという性質の取引です。もちろん勝つこともあるでしょうが、専業のプロでもない一般人が勝ち続けることは、ほぼ不可能に近いでしょう。

ギャンブルとは少し違うかもしれませんが〝ギャンブル的な取引〟という意味では、「短期取引（デイトレードなど）」も該当するかもしれません。株式、ＦＸ、商品先物などの短期取引は、還元率はほぼ100％に近いです。ただし、投資家は1年間の通算で利益が出れば、その分に対して約20％を税金として取られます。しかも実際には、取引のたびにスプレッド（買いと売りの差）のほか、売買手数料、金利、その他の手数料が課せられるので、取引するたびにじわじわと資金を削られていく中での勝負となります。

短期取引は難易度が高い取引ですが、決して勝てない取引ではありません。実際に継続的に儲けを出している投資家もいます。とはいえ、資金量・情報量ともに圧倒的優位に立つ〝プロ〟の機関投資家も参加するマーケットですから、生き馬の目を抜くような厳しい相場の中で勝って生き残るのは相当な腕が必要になります。

株式、ＦＸ、商品先物などの短期取引もいわば〝ゼロサムゲーム〟。誰かが勝ってその分誰かが負けることになるわけです。資産運用（資産を増やす）という目的からすれば、こうしたギャンブルやギャンブルに近い取引には手を出すべきではありません。

中長期投資は50％以上の確率で勝てる勝負

それでは株式投資はどうでしょうか。

デイトレードなどの短期取引は別として、年単位で取引する〝中長期投資〟であれば、資産を増やせる確率がグッと高くなります。つまり、ギャンブルと違って〝勝てる〟ということです。

企業は経済活動を通じて継続的に利益を稼いでいますので、成長企業であれば中長期的には株価の上昇・配当金・株主優待という形で投資に対して利益を得ることが可能です。もちろん業績の悪い企業だとそうはいきませんが、銘柄選定を間違えずに成長性のある銘柄を購入さえすれば、株価は上昇していくものです。

市場全体で見ても、経済成長が続く限り株価は上昇していきます。アメリカをはじめ、どの国の指数を見ても、経済成長している国の株価は右肩上がりになっています。バブル経済崩壊後、しばらくは下落もしくはレンジ圏で推移してきた日本株ですら、現在（2021年6月現在）では日経平均3万円近くまで回復してきています。基本的に資本主義経済というのは、拡大再生産して経済成長していくことが前提としてあるのですから、それに伴って全体株価も上昇していくのは理にかなっているわけです。

この原則を知っていれば、株式投資はギャンブルとはまるで違うことが分かるはずです。ギャンブルがゼロサムゲームだとすれば、株式投資は勝てる確率が50％以上ある〝プラスサムゲーム〟なのです。市場全体が右肩上がりで上昇していくのですから、銘柄選びさえ間違えなければ（買うタイミングもありますが）基本的には高い確率で勝てるのが中長期での株式投資です。

ただし、株式投資とギャンブルは性質が異なるといっても、先ほどご説明したようにデイトレードをはじめとする短期取引の場合は、やはり勝率は下がります。株価は短期的にはランダムな動きをしますから、業績好調な企業の株でも短期的には値下がりすることがよくあります。ですから短

■「米国ダウ平均」チャート

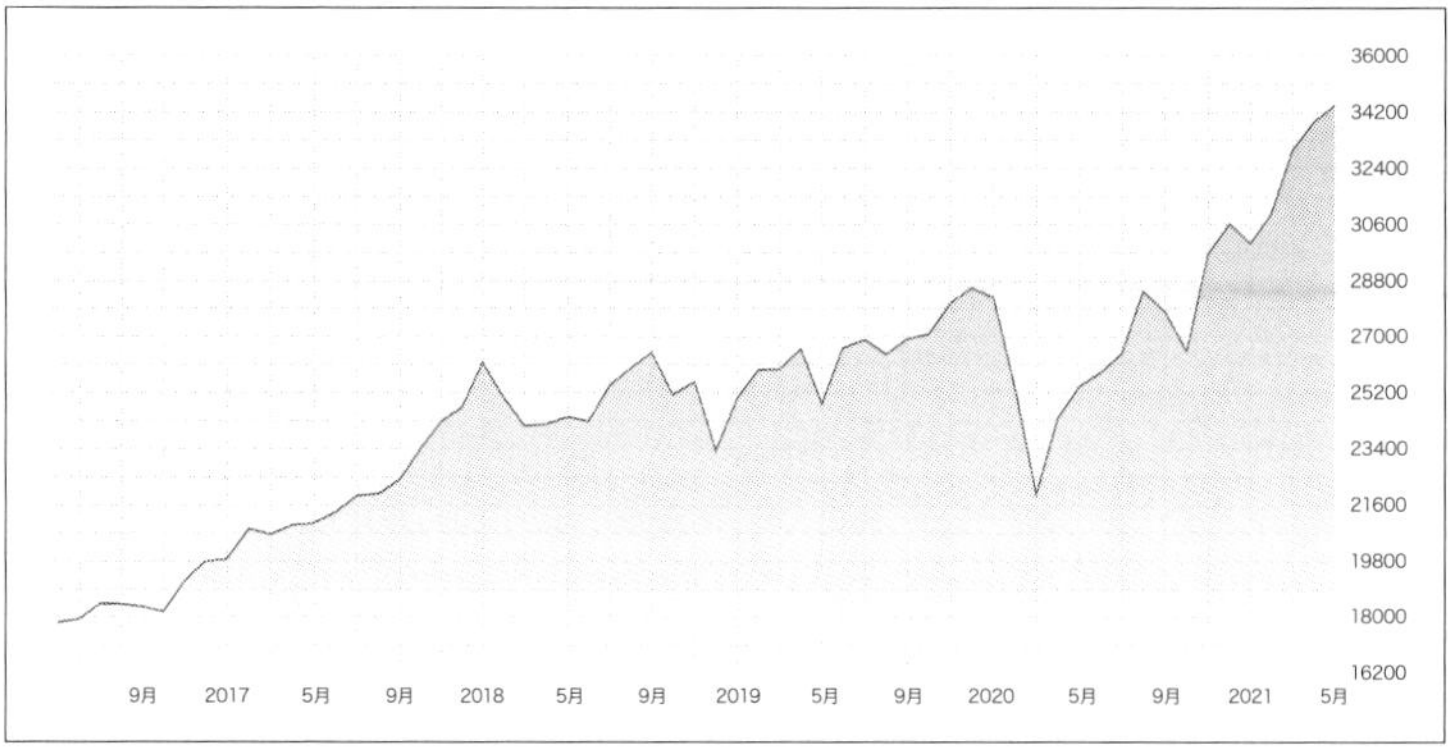

経済成長を続ける米国株式市場は、右肩上がりの上昇を示している。2020年のコロナショックでの暴落も吸収し、現在（2021年5月末現在）も高値を更新中だ。

期取引だと勝つか負けるか、それこそ確率的には半々の丁半博打に近いと言ってもいいかもしれません。同じ株式投資でも〝短期取引〟と〝中長期取引〟では、まったく異なるゲームなのです。

ギャンブルは回数をこなせばこなすほど負けてしまうゲームです。一方、中長期の株式投資は、企業が稼ぎ出す利益という裏付けがありますし、基本的には企業は毎年成長するものですから、我々のような、いわゆる素人の一般投資家でも50％以上の確率で勝つことができる勝負なのです。

お金はただ持っているだけでは減っていく

「それでもやっぱり株は怖い。買って値下がりしたらお金がどんどん減っていく」

ここまでの説明を聞いても、まだ株式投資にためらう方もいらっしゃることでしょう。

「株はギャンブルだ」という一度ついたイメージをそう簡単には払拭することはできませんから、すぐに株式投資に踏み出せないのもよく分かります。ましてや、すでに株式投資で損した経験がある方なら〝株は怖い〟というイメージを消し去るのはかなり困難でしょう。

そこで質問ですが、「お金は使わずに持っていれば減ることはない」と思っていませんか？

「当たり前だろ。毎月の給料から積み立てていけば貯金だって増えるじゃないか」

そう考えて、少しずつでも地道に資産を増やそうとしている方もいるでしょう。

はたしてそうでしょうか？　お金は持っていれば減りませんか？　給料から地道に積み立て貯金していけば資産形成できますか？

残念ながらそうはいきません。お金は持っているだけでは実質的な価値は目減りしていきます。貯金するにしても現状の超低金利では資産形成など夢物語です。

なぜそうなのか、ご説明しましょう。

あなたが株式投資を避けていたとしても、あなた以外の誰かが株式投資をしている限り、資産価値が変動するというリスクから逃れることはできません。絶対的な資産額（手持ちの金額）は変わらないとしても〝相対的な資産額〟は変わっているからです。

たとえば、あなたもあなたの友人も１００万円持っていたとします。友人がその１００万円を株に投じ、あなたは定期預金で預けておくとします。この場合、株価が２００万円に値上がりすれば、絶対的な価値としてはあなたの１００万円は１００万円のままですが、相対的な価値としては友人より１００万円貧しくなりました（ただし逆に株価が50万円に値下がりすれば、あなたの１００万円は相対的な価値としては50万円豊かになったことになりますが）。

外国為替の関係でも資産価値は変わります。

たとえば銀行に１００万円の定期預金を組んだとして、最初に組んだときの為替が1ドル１００円だとします。このときドルベースでのアナタの資産は「1万ドル」です。これが1ドル80円になれば、ドルベースで見るとアナタは「１００万円÷80＝１２５００ドル」の資産を保有していることになります。逆に1ドル１２０円になれば、「１００万円÷１２０＝８３３３ドル」の資産となります。

つまり、現金のまま持っていたとしても、他の金融商品や為替との関係であなたの資産価値は絶えず動き続けているのです。

株式投資は怖いからと、銀行預金や保険といった金融商品で資産運用している人もいるでしょう。その人たちは、非常に利回りの低い金融商品を知らず知らずのうちに買っているのです。ほとんど金利が付かない定期預金はその典型です。

銀行や保険会社といった金融機関は預金者（出資者）から預かったお金で様々な金融商品（取引）を購入し、利ザヤを稼いでいます。金融機関が儲けた利益のうちのほんの一部が利子や配当となってあなたのもとに戻されます。つまり銀行も保険会社も、あなたのお金で儲けているわけです。あなたが預けたお金で得た利益の大部分は金融機関に抜かれている、要は搾取されているのです。

銀行に預けておいたり、保険を掛けていたり、あるいはタンス預金していたとしても、相対的には資産価値は変動しているし、知らず知らずのうちに利益を搾取されているというわけです。

自分では〝100万円は100万円の価値がある〟と信じているでしょうが、実際には違うのです。相対的には価値が下がっているかもしれない。少なくとも何もしなければ金額が増えることは絶対にありません。

資産を増やしたいのであれば株式投資です。すでにご説明したように株式投資はギャンブルではありません。経済原則から考えれば上昇していくものです。中長期投資であれば50％以上の確率で勝てるのですからやらない手はありません。資産を築く人は、株式投資の優位性をまったく疑っていません。むしろ、「株式投資で資産形成するのが当たり前」と考えています。

これを〝常識〟だと、頭の中で自然と考えられるようになれるかどうか。それが投資家として成功できるかどうかの分かれ目です。まずは少額でもいいので「投資するのが当たり前」というマインドになってください。個別株投資でなくともインデックスファンドでも構いません。

■「ドル円相場」チャート

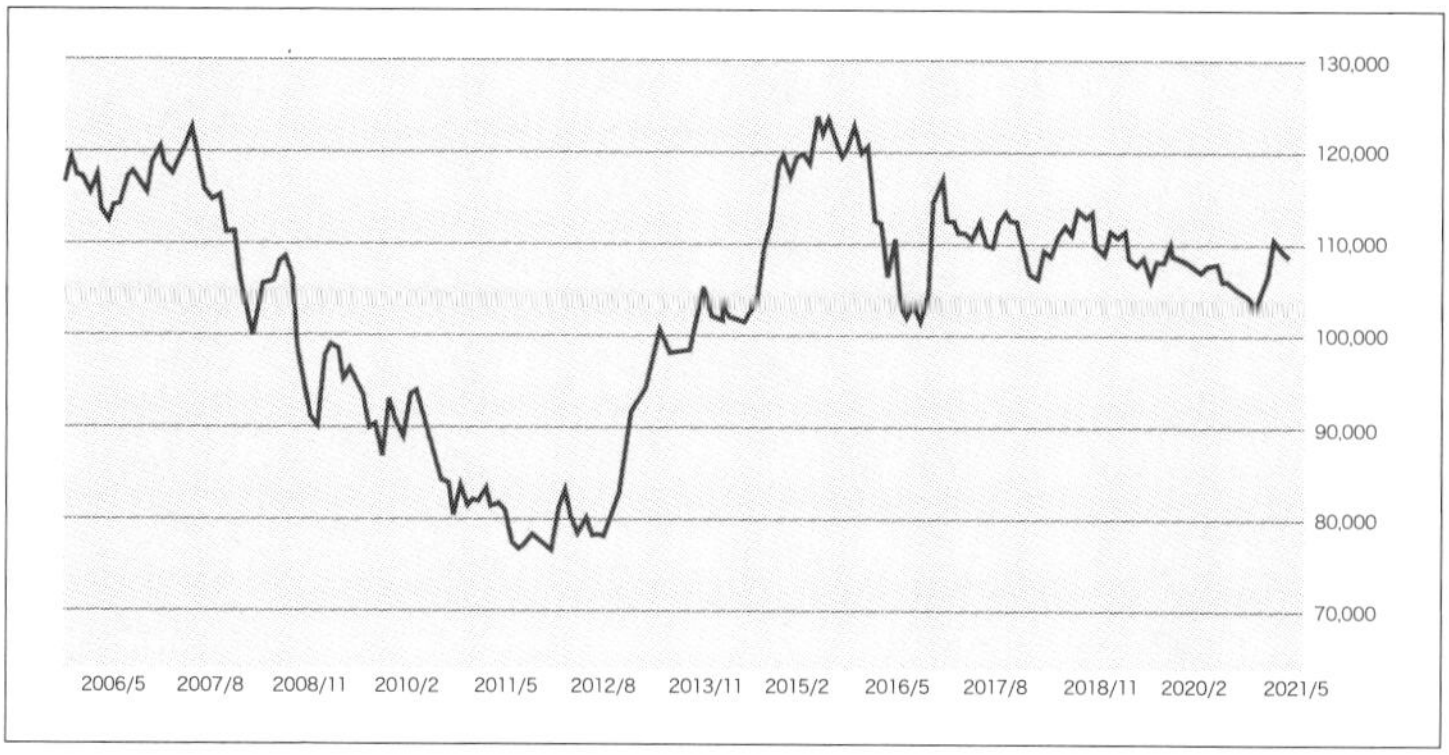

変動為替相場制によりドル円相場は常に変動している。現在はおおむね1ドル100円～110円のレンジで推移。日米両国の経済政策等の影響でドル円相場は変動する。

個別に銘柄を選ぶのが難しいようなら「インデックスファンド（日経平均株価やＴＯＰＩＸのような株式指数に連動するように設計された銘柄のパッケージ）」を購入しておけば、全体市場の平均の利益を得ることができますし、特定の企業の業績も気にする必要ありません。大きな利益を求めず、着実に資産を増やしたい方はインデックス投資をお勧めします。

ただ、個別株投資にしてもインデックス投資にしても、成功する投資家は長期的な資産形成が可能であることを確信して、株式投資を続けています。

あなたも自分の頭でもう一度よく考えてください。

「株式ほど安全な資産はない」

そう思えるようになれば〝投資家脳〟に切り替わった証拠です。

株はギャンブルではない!!

◆「ギャンブル（競馬・競輪・競艇・オートレース・パチンコ・パチスロ・宝くじ）」⇩ゼロサムゲーム

◆「短期取引（株式・FX・商品先物）」⇩ギャンブルに近いゼロサムゲーム

◆「現金・貯金」⇩相対的な資産価値変動のリスク

◆「年単位の中長期株式投資」⇩勝率50％以上のプラスサムゲーム

【結論】 株式ほど安全な資産はない。長期的な資産形成が可能

美味いラーメン店の株はなぜ儲かるのか？

あなたは何を期待して、株式投資を始めるのでしょうか？

あるいはすでに株式投資を始めているとして、特定の銘柄を買う理由は何でしょう？

その目的は、儲けることです。つまり買った株が値上がりして利益を得ることです（※本書では現物取引を前提にお話ししていますので、信用取引での空売り等、値下がりで利益を得る手法は省きます）。

ではなぜ株価は値上がりするのでしょうか？

「その銘柄を欲しい人、買いたい人が多いから」

確かにその通りです。基本的には株に限らず、その商品を欲しい人が多ければ多いほど価格は値上がりします。古くはオイルショックでの石油価格の高騰や、昨年のコロナショックでのマスク価格の高騰などはその一例です。

要するに〝欲しい人（需要）〟が〝売りたい人（供給）〟を上回れば値段が上がるということです。

これは〝需給関係〟による価格変動です。

では株式において〝欲しい人が多い〟株とはどんな株でしょうか？

たとえば製薬会社が新薬を開発したなどの好材料（ニュース）が飛び出して、一時的に株価が急騰するケースもありますが、基本的には〝業績が良い〟〝将来的に業績が上がる〟といった収益性、成長性に優れている企業の株を欲しいと思う人が多いはずです。

それが投資をする際のベースにあるわけですが、それではなぜ〝業績がいいと株価が上がる（欲しい人が増える）〟のか、その根本的な原理を見ておきましょう。

株式投資をするうえでは〝株価が上がる根本的な原理〟を知っておくべきです。逆に言えば、なぜ株価が上がるのかの根本原理を知らないで投資していると、買った銘柄が下がったときに怖くなってすぐに手放してしまうことにもなりかねません。自分が購入した銘柄の値上がりの根拠を理解していれば、たとえ一時的に値下がりしたとしても確信を持って保有し続けることができます。

メンタルがブレていては勝てる勝負も勝てません。〝勝てる投資家脳〟になるためにも株価上昇の根本的な原理を知っておきましょう。

ここでは株価が上がる仕組みを分かりやすく、ラーメン店を例にしてご説明していきます。

あなたは腕のいいラーメン店の店主と知り合いだとします。その店主が新たな店を新規オープンすることになりました。この新しいラーメン店を開業するには1000万円の資金が必要です。

店主は1人で1000万円負担するのは大変なので、自己資金で100万円だけ用意して、残りの900万円は100万円ずつ9人から出してもらうことにしました。すると店主の腕の良さを見込んだ、あなたを含めた9人の投資家が出資して、無事オープンにこぎつけました。

この時出資した証拠として〝100万円の株式（1株）〟を店主（つまり会社側）から発行してもらいました。株主は店主を合わせて10名いますので、合計10株発行されたことになります。

この開業資金1000万円の中からテナント料を払い、商品（麺・スープなど）を仕入れ、寸胴鍋・フライパンなどの料理器具、内装工事費用、テーブルや椅子など店舗に必要な備品などの購入費用を払います。さらにアルバイトを雇い、新規オープンを告知するためのチラシなどに広告宣伝費を使います。開店後には水道光熱費などの経費もかかってきます。

開店当初はお店が認知されていないのでお客さんも少なく、1年目の利益はトントンでした。それから徐々にお店の認知度が上がるにつれてお客さんも増え、開業から3年後にはリピーターのお客さんも増えたため安定して利益が出せるようになりました。

3年目の売上は年間5000万円でした。ここから経費（仕入れ代、人件費、テナント料などの必要経費）でかかった4500万円を差し引くと、年間の利益は〝500万円〟となりました（※実際は利益から税金を支払う必要がありますが、分かりやすくするためにここでは省きます）。

ここで、利益から出資者であるあなたの取り分を考えてみましょう。

あなたは1000万円の開業資金のうち、100万円を出資している（100万円で1株買っている）ので、あなたは店の儲け（利益）の〝10分の1〟をもらう権利があります。500万円の10分の1ですから、あなたが受け取る権利があるのは〝50万円〟ということになります（※実際には店の内部留保分もありますので利益を全部分配するわけではありませんがここでは省きます）。

さて、ここであなたは新しい事業を立ち上げるために資金が必要となったので、ラーメン店の株を他の投資家に売ろうと考えました。

あなたなら、いくらで売りますか？

買ったときと同じ値段の100万円で売りますか？

ラーメン店はすっかり軌道に乗って、お客さんは引き続き入っています。となれば、来年も少なくとも今年と同じ水準の利益は出そうです。美味しいと評判が広がれば、さらに新規のお客さんも来るかもしれません。そうなれば来年、再来年と売上を伸ばし、利益もどんどん増えていく可能性もあります。そう考えたときに、今年、1株50万円稼いだラーメン店の株を買値の100万円で売りたいと思うでしょうか？　たぶん、売らないでしょう。私も売りません。

あなたが最初にお金を振り込んだときには、事業が上手くいくかどうか分からなかった。その不確実な期間を株主として応援し続けた結果、今やラーメン店のビジネスは毎年利益を生むようになっているのです。利益を生むことが確実になった今、当初100万円を払い込んだときと、ラーメン店の株式の価値が違うのは当然でしょう。

ならば、いくらなら売ってもいいでしょう？

数年分の利益を見込んで500万円なり1000万円なり、なるべく買値より高い値段で売ろうと考えるはずです。

逆にあなたからラーメン店の株式購入を検討している投資家からすれば、1株を500万円で買ったとすると、利益50万円に対して1株500万円ですから〝年利10％〟になります。1株1000万円なら〝年利5％〟。もしも目論見通りにラーメン店の売上が上がれば、利益率はさらにアップします。

株価と利益の相関関係を検討して〝買ってもいい〟と判断した投資家に高い値段で売却できれば、あなたはラーメン店の株で儲けることができるわけです。

たとえば500万円（1株）で売ったとすれば、

「500万円（売却価格）－100万円（購入価格）＝400万円（利益）」

ラーメン店の株で〝400万円〟儲けることができました。

利益が増えると欲しい人が増える

逆にラーメン店が儲からない場合を考えてみましょう。

3年間営業してもなかなかお客さんが定着せず、3年目の売上は4000万円で、経費の4500万円を引くと500万円の赤字になってしまいました。

そこであなたは、利益が出ないラーメン店の株を持っていても1円も増えないから、他の投資家に売ろうと考えました。

そのとき、買ったときの値段＝1株100万円で売れるでしょうか？

3年間営業して利益が出ないということは、お客さんが増えないなんらかの問題を抱えているということ。そんなラーメン店が急にお客さんが増えて人気店になることはまず考えにくいでしょう。現状赤字で将来の成長も見込めないラーメン店の株を開業当時の100万円で買いたいと思う投資家はいるでしょうか？

中には奇特な人がいて買ってくれるかもしれませんが、利益率から考えれば100万円で売れる可能性は限りなくゼロに近いでしょう。それでも売りたいあなたは投資家に交渉しますが、売却価格は50万円、30万円……と下がっていきます。買いたいと思う人が出てくるまで値段を下げないと売ることができません。とうとう「10万円なら買ってもいい」という投資家が現れて、あなたは泣く泣く10万円で売却しました。

100万円で買った株を10万円で売ったのですから、

「10万円－100万円＝マイナス90万円」

90万円の損失（損切り）です。

この例で見た通り、株式はなるべく高く売りたい売り手となるべく安く買いたい買い手の交差点で取引が成立します。この原理が複雑化したのが証券取引所の売買システムだと考えてください。

証券取引所の売買では、複数の買い手と売り手が同じ場所（市場）に一堂に会して様々な銘柄を売買していますので、ラーメン店のような単純な仕組みではないものの、株価が値上がりする（値下がりする）根本的な原理は同じです。

様々な条件で株価は変動しますが、根本的には会社が生み出す利益が増えるかどうかの期待感で株価は動きます。収益が増えれば、より多くのリターンを得ることができる。つまり配当金をもらえるので、買いたい人が増えて株価も上がるわけです。

とはいえ、短期的には株価動向は需給で決まりますから、株価が理屈（理論値）を超えて上下に行き過ぎることもあります。その銘柄特有の事情ではなく、たとえばコロナショック、リーマンショックなどのような全体ショックで一時的に下げることもあります。

しかし、中長期的には儲かる会社の株価は高くなり、儲からない会社の株価は安いままなのです。数年単位で株式投資をする場合には、会社の利益が増え、より多くの配当金を得られることを期待して投資しています。

私が実際に行い、本書でお勧めする〝中長期的な成長株投資〟をする際には、ぜひラーメン店の例で株価が上がる（下がる）原理を覚えておいてください。それが勝てる〝投資家脳〟に変換し、株価の上げ下げで動揺しないメンタルを作ることになります。

儲けている会社（ラーメン店）の株は必ず上がる!!

◆「会社（ラーメン店）が儲かる」
⬅
その会社（ラーメン店）の株式を
欲しい人が増える（需要増）
⬅
「需要（買いたい人）＞供給（売りたい人）」
⬅
株価が上がる

◆「会社（ラーメン店）が儲からない」
⬅
その会社（ラーメン店）の株式を
欲しい人が減る（需要減）
⬅
「需要（買いたい人）＜供給（売りたい人）」
⬅
株価が下がる

【結論】 会社の利益が増えると、より多くの配当金を得られるので欲しい人が増える

自分に合った取引スタイルと銘柄を選べ

〝株式取引〟と一口に言っても、投資家それぞれいろいろな取引スタイル（投資手法）があります。まずは、自分がどのタイプの投資スタイルなのかを知ることが重要です。そして、そのスタイルが自分に合った投資手法なのかを見直すことも重要となります。

当然ですが、自分に合っていないスタイルで取引していては株で儲けることは難しくなります。実は上場している株式にも、銘柄ごとにそれぞれ値動きのクセ（特徴）があります。銘柄の個性によって、短期投資家、長期投資家、配当投資家、優待投資家……など、それぞれ引き寄せる〈買う〉投資家の層（タイプ）が違うため、銘柄の値動きも異なります。

投資スタイルと選択する銘柄のタイプが合っていないと、安定した投資ができません。自分の取引スタイルに合った銘柄選択をすることが株式投資で利益を得る〝勝てる投資家〟への近道です。

それではここで、投資スタイルによってどのような銘柄を保有すればいいのか見ていきましょう。

株式初心者の方はもちろん、すでに投資経験はあるけれど上手く取引できていない方も、一度自分の投資スタイルを振り返りつつ、自分に合った投資スタイル、そして投資すべき銘柄について把握しておくことが〝勝てる投資家脳〟へ変換する第一歩となります。

短期取引は俊敏に対応する腕が必要

最初にデイトレードに代表される短い期間で銘柄の売り買いする〝短期取引〟を見てみましょう。

短期取引をしている投資家は、銘柄に流動性があり、活発に売買されている（出来高が多い）銘柄を中心に取引することになります。

また、短期的な価格変動（ボラティリティ）がなければ儲けが出ませんから、一日の価格変動が大きいことが銘柄選択の条件です。株式用語では「ボラが高い」などと言いますが、そうした値動きの大きい銘柄狙いとなります。

具体的にはＩＰＯ（新規公開株）直後（上場直後）の銘柄、時流に乗ったテーマ株などが狙い目となります。それらの銘柄は業績に比して成長性が加味されている、またはテーマ性が評価されて割高な価格で取引されている銘柄が多く、実績よりも将来の期待への思惑で買われるため、強弱感が株価に反映されやすく値動きが大きくなります。逆に言うと、その値動きの大きさ（ボラティリティの高さ）を取りにいくのが短期取引です。

たとえば米国のバイデン政権の政策からテーマ株となっている再生エネルギー関連銘柄（レノバ、ウエストＨＤなど）や、日本政府のデジタル化政策から注目されているデジタルトランスフォーメーション（ＤＸ）関連銘柄（データアプリ、アイルなど）といった、その時々の政策などの時流に乗った〝テーマ株〟が物色されます。

こうして流動性があって値動きの大きい銘柄の情報をリアルタイムで得て、俊敏に対応していく取引がデイトレードをはじめとする短期取引です。中長期取引と違っていつまでも同じ銘柄を保有することはなく、次々と売り買いして銘柄を乗り換えていくので、テクニカル指標を睨みつつ、取引テクニックも必要となります。

この場合、同じスタイルの取引で相対する相手の中には、デイトレーダーや機関投資家などの〝プロ〟や〝セミプロ〟の専業投資家が多くいますので、取引時間中はトレード画面に張り付いているなど相当な手腕がないと短期取引で勝つのは難しくなります。株式市場で「生存確率が低い」といわれるのは、こうした一攫千金を狙った短期取引をするトレーダーの生存確率のことです。

ご自分の腕に自信がある方は別として、私のようなサラリーマン兼業投資家の方には、あまりお勧めできない取引スタイルです。

配当株投資や優待株投資は値上がりより定期収入を求めるスタイル

配当を重視する投資スタイルの場合は、あまり値動きが激しくないために取引頻度も少なく、比較的穏やかな売買をする投資家が集まる傾向があります。

もちろん長期的には株価の上昇を期待していますが、同時に安定的な配当金を求めており、安定配当が出る限りは長期保有する株主が多いのが特徴です。会社側もなるべく業績を安定させて一定の配当金を出すように心がけています。

こうした企業は複数の稼ぎ頭となる事業を持っているほか、有価証券も保有し内部留保もしっかりしていますから、毎年の業績の好不調にかかわらず、ある程度の業績は維持して配当金を確保できます。

投資家にとっては資金が増える配当金をほぼ確実にもらえるわけですから、値上がりによる利益はそれほど期待できなくとも保有するメリットはある銘柄です。

こうした配当株投資スタイルの人は、三菱ＵＦＪフィナンシャル・グループ（８３０６）、住友商事（８０５３）、オリックス（８５９１）、ＫＤＤＩ（９４３３）、武田薬品工業（４５０２）、東京ガス（９５３１）……など誰でも知っているような大手企業の株式を保有しています。また、こうした銘柄を取引する人は配当目的でＪ－ＲＥＩＴ（不動産投資信託）を購入するケースも多いようです。

配当株投資に比較的近い投資スタイルとしては、株主優待銘柄を狙う投資スタイルもあります。株主優待でもらえる商品・サービス・割引券といった優待を得ることで利を得るというスタイルです。もちろん、この投資でも値上がりも期待はしていますが、それ以前に株主優待を得ることを主眼にしていますので「株価は安定していればいい」ぐらいの発想で保有している人も多いようです。

これも配当株投資と同様に穏やかな売買をする投資家が集まる傾向があり、オリエンタルランド

■「東京ガス」のチャート

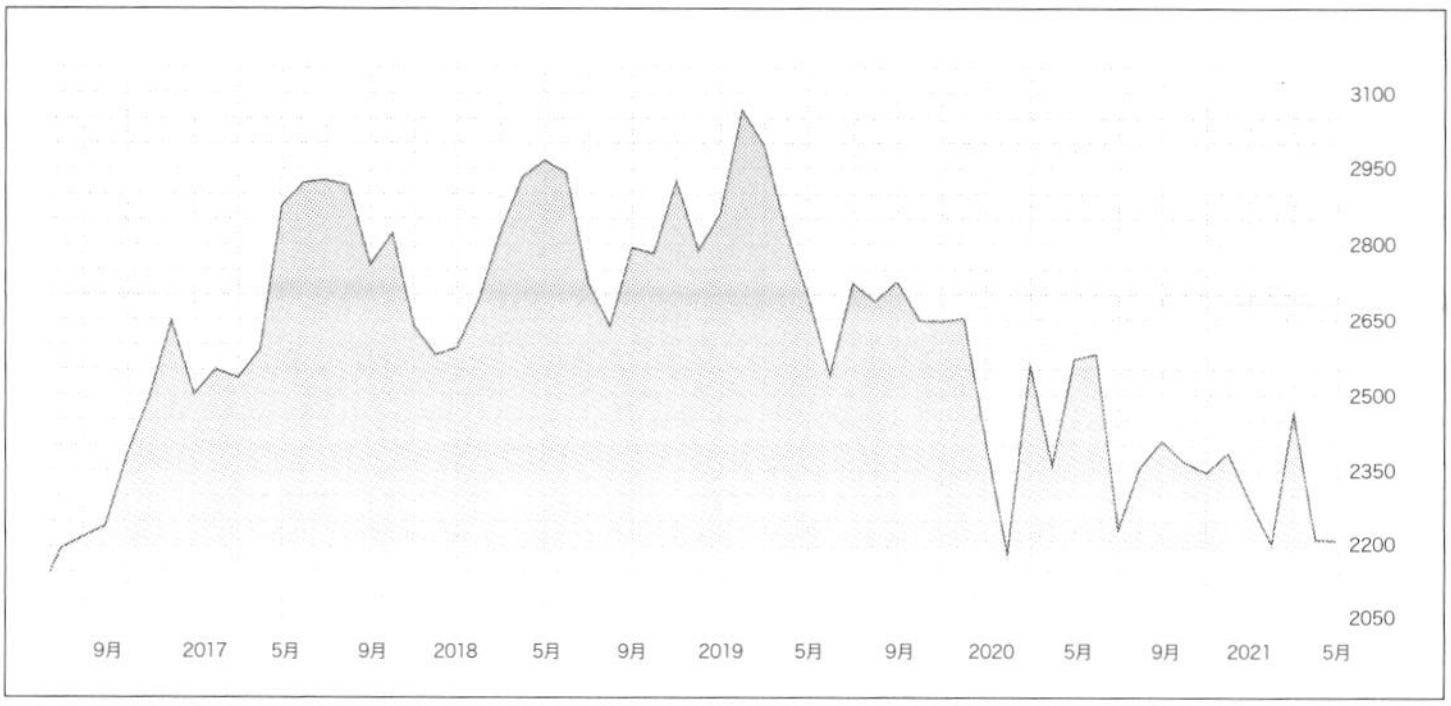

5年チャートで見ても2000〜3000円のレンジ、2020年3月のコロナショックでの下落時からでも2100〜2600円の狭いレンジで株価が安定的に推移していることが分かる。値上がり益よりも配当金を目当ての"配当銘柄"の典型例だ。

（4661／ディズニーリゾートチケット優待）、カゴメ（2811／商品詰め合わせ）、東急（9005／株主優待乗車証）などの娯楽や趣味、実益絡みの優待を得られる銘柄を保有しています。

なお、株主優待銘柄については次項で、知っておくと〝有利な投資法〟についてご説明していますので、取引する際はそちらも参考にしてください。

成長株投資は値上がりを期待する投資スタイル

次に〝成長株投資〟ですが、成長株にも小型成長株と比較的大型の成長株と2つのタイプに分かれます。小型成長株の投資スタイルは、時価総額300億円未満程度の小型で成長性の高い銘柄が取引の対象となります。

この投資スタイルで狙う株は、まだ会社自体が若く成長途上にあるため、不確定要素が多くなります。当期純利益も2億円、3億円程度の会社も多いため、決算のたびに期待感が膨らむ、萎むということを繰り返して株価が動きます。発行株式数（市場流通株数）も少なく、大手企業の株式と比べて流動性が少ないため、投資信託などの大口の注文が入ると株価が大きく動きます。

逆に言えば、きっかけ次第では大きく値上がりが狙えますので、投資資金の少ない一般の兼業投資家にとっては大きく儲けるチャンスもあります。実際に私も、ポートフォリオの6割程度は小型成長株を保有しています。銘柄選定や売買手法さえ間違えなければ、個人投資家向きの投資スタイルであると言えると思います。

銘柄の例を挙げれば、エスプール（2471）、Hamee（3134）、スマレジ（4431）といった株が該当します。

時価総額の比較的大きな〝大型成長株〟を狙う投資スタイルでは、小型成長株と比べて値動きは安定していますが、それでも業績が安定した配当株投資よりも株価の上昇が狙えます。ファーストリテイリング（9983）、日本電産（6594）、ニトリホールディングス（9843）、GMOペイメントゲートウェイ（3769）、エムスリー（2413）などが該当しますが、このレベルの企業になると、個人投資家だけでなく、機関投資家などのプロの投資家もポートフォリオに組み入れています。

このように投資スタイルによって、保有する（狙う）銘柄がまったく異なってきます。相場経験が長くなると、人のポートフォリオを見るだけで、その人がどのようなタイプの投資家か分かるようになります。

自分は、どの投資スタイルが合っているのか？　自分自身で一度確認してみてください。

ご説明したように、取引スタイルによって狙う銘柄やそれらの銘柄の値動きの傾向もまったく異なります。株式投資では、自分がどのような取引をしたいのかを知り、それに適した銘柄をポートフォリオに加えることが必要です。

自分の属性や性格に合っていない取引スタイルはストレスになります。必要以上にストレスがかかれば、取引する際のメンタルにも悪影響が出ます。

株式投資は長期間にわたって継続して資産を増やしていく投資です。自分に合った、無理なく続けられる投資スタイルを選びましょう。

■「エスプール」のチャート

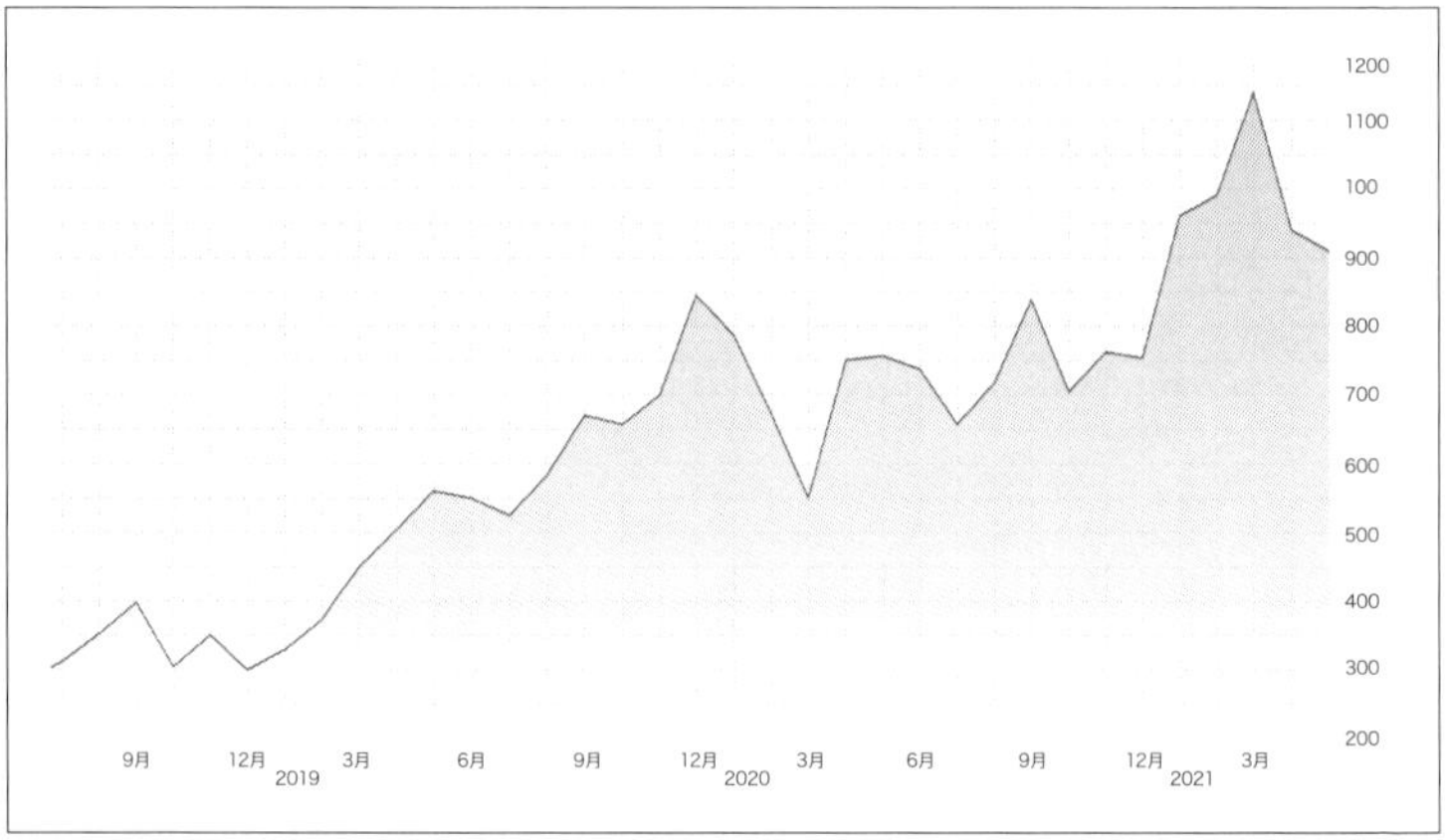

コールセンター等への派遣と障害者雇用支援の農園事業をメインに手掛けるエスプールは、毎年増収増益が続く小型成長株。その時々で上下動はあるものの、この３年間で見ても300〜1000円超えまで、おおむね順調に右肩上がりで上昇を続けている。

■「ニトリホールディングス」のチャート

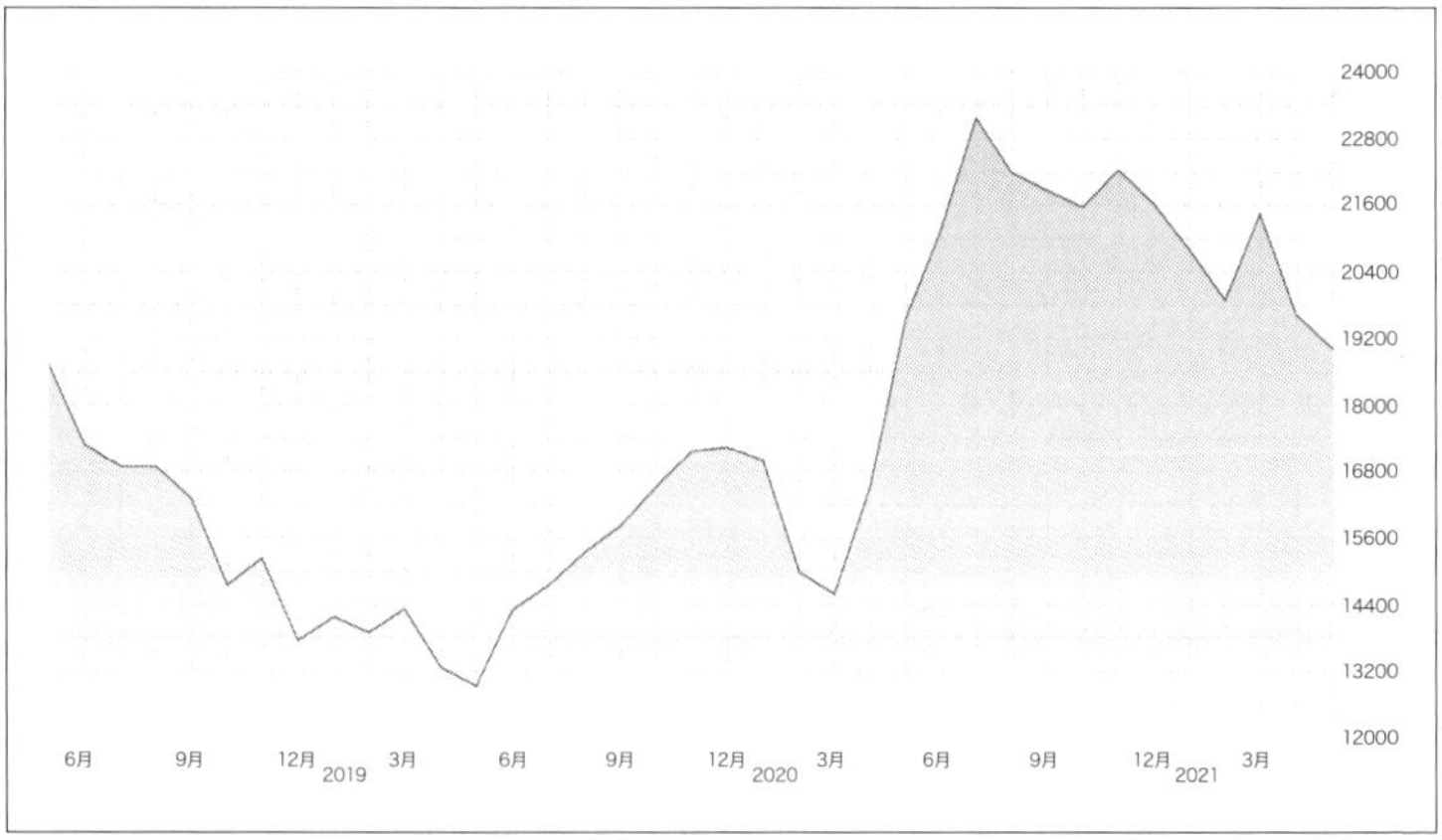

ニトリホールディングスも毎年増収増益を続ける成長株。ただし、時価総額はすでに2兆3000億円と大型株なので通常の値動きは小型成長株と比べて小さい。コロナショック時にはさすがに13000円台まで急落したが、現在は持ち直し、20000円前後の値動きとなっている。

素人でも儲けられる「取引スタイル」はどれか!?

◆**短期取引（デイトレード・短期スイングトレードなど）**
値動きの大きい銘柄狙い（IPO銘柄、テーマ株など）▽俊敏な対応で次々と銘柄を乗り換えていく
⇩**プロやセミプロ相手なので生存確率が低い**

◆**配当株・優待株投資**
業績安定した大手企業、株主優待銘柄を保有▽取引頻度は少なく、長期保有も多い⇩**比較的穏やかな売買スタイル**

◆**大型成長株投資**
値動きは比較的安定している成長株狙い（ファーストリテイリング、ニトリなど）▽機関投資家などプロも保有
⇩**配当株投資より株価上昇狙いの取引**

◆**小型成長株投資**
小型で成長性の高い銘柄狙い（時価総額300億円未満程度の成長途上企業）
▽不確定要素が多く、流動性が少ないため値動きが激しい⇩**きっかけ次第で大きな値上がりが狙える**

【結論】　銘柄選定や売買手法を間違えなければ〝小型成長株投資〟が個人投資家向き投資スタイル

株主優待銘柄は「権利日の3か月前」に買え！

株式投資の魅力のひとつに〝株主優待〟があります。

先ほどの項でご説明したように、株主優待が欲しくてその企業の株を保有している株主優待目当ての投資家もいれば、メインは中長期の成長株投資でもポートフォリオの一部に株主優待銘柄を入れている投資家もいます。

その中には「株主優待さえもらえればそれでいい」と値上がりをさほど期待していない人もいますが、逆にその無欲さが功を奏して、売らずに長期保有した結果、大きな値上がり利益を得る場合もあります。これはまさに〝無欲の大勝利〟と言っていいでしょう。

たとえばコメダ珈琲を運営している「コメダホールディングス（3543）」の場合、株主優待として100株以上保有している株主に対して、プリペイドカード「KOMECA」に1000円相当（年間2000円相当）のチャージをしてもらえます（つまり年間2000円分の割引）。さらに配当金も100株につき3900円（2021年度の年間配当）入ってくるのですから、株主優待と配当金でダブルでお得というわけです。

そう聞くと、コーヒー好きな人なら「100株だけでも買ってみようか」という気になるでしょうが、少し待ってください。

どうせ買うなら、値下がりして損を抱えるよりは値上がりしたほうがいいに決まっています。優待ももらえて値上がり益も得られれば一石二鳥のオイシイ株です。そのためには、買うのに適したタイミングがあるのです。

優待目当ての買いで株価は動く

では、株主優待銘柄はどの時期に購入すればいいのでしょうか？

結論から言えば、それは「株主優待をもらう2～3か月前」。つまり、「権利取り日の2～3か月前」がベストです。

それはなぜか？　ここで優待目当てで株式を購入する投資家の心理を考えてみましょう。

株主優待銘柄を買う場合、ありがちなのは権利が確定する少し前（あるいは権利月）に購入するケースです。たとえば先ほどのコメダホールディングスでいえば、優待権利確定月の2月、8月に購入する。〝3月末に株主優待がもらえる〟銘柄であれば、3月に入ってから買う。

オリエンタルランド（4661）、オリックス（8591）、カゴメ（2811）、キユーピー（2809）、ANAホールディングス（9202）、KDDI（9433）、ヤマダ電機（9831）、東急（9005）……など人気のある株主優待がずらりと並んでいる中から、これと思うものを優待欲しさに権利落ち間際についつい買ってしまうというのは、よくありがちです。

私も初心者の頃は、配当金や株主優待がもらえる権利日の直前に購入して配当と株主優待の権利を手にしたものの、その後株価が値下がりして塩漬けになった経験があります。値下がりしても「優待ももらったことだし、まあいいや」と、含み損のまましばらく保有を続ける……正確に言うと〝放置〟しておく。そして1年経ってトントンの値段まで戻ったところで売却ということを繰り返してきたのです。

ただ、冷静になってみたら、売買で儲かる金額のほうが株主優待よりもずっと大きいのです。株主優待が欲しいがゆえに冷静な判断力を欠いていました。

とはいえ、株主優待の権利付き売買日の最終日が近づいてきたところで株式を買いたくなるのは当然です。「なるべく今すぐに結果を出したい」というのは、人間の本能に近いレベルで埋め込まれた通常の心理だからです。3月末が権利確定日ならば、3月中に買ってその月末に配当金や株主優待をもらいたくなるのです。

しかし、ここで立ち止まって考えてみてください。先ほど「なるべく今すぐに結果を出したいのは本能に近い」と言いましたが、それはあなただけの発想ではないのです。「なるべくすぐに結果を出したい（優待をもらいたい）」と考えている人は大勢いるということ。だとすれば、「株主優待を欲しい」と思っている他の投資家も、同じように3月中に優待株を購入するということです。

そして、株主優待が目的で買った投資家は、すでに目的を果たしたのですから権利取得後にすぐに売却しようとします。

そうなると株価はどう動くか？「株主優待をもらったからもう売ろう」という投資家が多ければ多いほど株価は下がります。

そこに至るまでの株価動向を追ってみると、おおむねこう動きます。

権利取得月の2～3か月前、まだあまり株主優待が意識されていない頃から、徐々に株主優待が欲しいという投資家が増えてきて、少しずつ株価を押し上げていきます。そして株主優待の権利が付与される権利付売買最終日の数日前にピークに達し、権利落ち日以降は株価が弱含んでいきます。

人気がある株主優待を発行している会社ほど、この傾向が強くなります。ですから気をつけないと、直前で買って権利落ち後に売却した場合には株主優待の比ではないほどの損をしてしまうケースもあります。たとえば3000円の株主優待を取るために1万円損するということが起こってしまうのです。

行動心理を利用した〝メンタル投資法〟

そうならないためにはどうしたらいいのか？

株主優待が付与される2～3か月前に購入しておけばよいのです。

この買い方だと、株主優待目当ての買い付けの影響をあまり受けずに価格形成されている段階で買うことができますので、株主優待の権利落ちによる株価変動で受ける影響を軽減できます。権利落ち後の株価が下がった場面で売っても、自分の買値よりは上で〝優待＋売却益〟の両方を得ることもできます。もちろん絶対ではありませんが、少なくとも権利落ち日の間近に買うよりは安全だと言えます。

別の手法では、買うタイミングは上記と同じ2～3か月前だとして、そこで1単元（100株）ではなく2単元（200株）を購入するという方法もあります。

株主優待を得るという意味では最小単位（1単元）で事足りるかもしれませんが（単元数で優待が変わる場合もあり）、あえて2単元以上購入する。そして1単元（100株）については、株主優待目当ての買いで株価が上がってきたところで売却（権利は取らない）。もう1単元（100株）は株主優待の権利を取った後に売却。こうすれば権利取得前にすでに利益を確定していますから、権利取り後に株価が下げても損しませんし、たとえマイナスだとしても優待分を考えれば損失が少なくて済みます。

これは必ずしも儲かる方法とは言えませんが、株主優待が欲しい人のメンタルを利用した投資法のひとつです。

あなた自身は株主優待にあまり関心がないかもしれませんが、株主優待が欲しいという投資家も多いという事実を知っておけば、そうした投資家の動向を利用する手もあるということです。

これは人間の行動心理を読んだ〝メンタル投資法〟と言っていいでしょう。

■「東急」のチャート

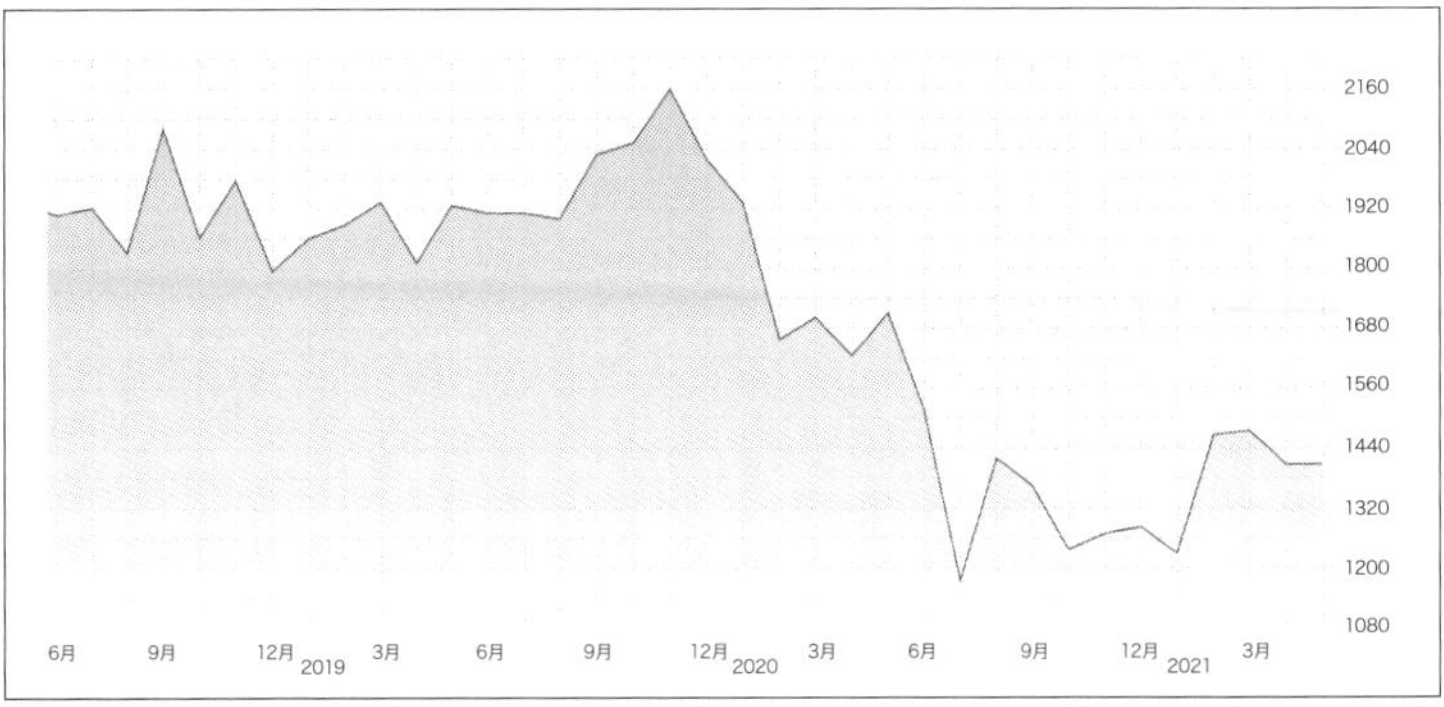

全体的に見ると株価の変動は穏やかだが注意して観察してみると、例年、株主優待権利取得月の3月、9月に向けて緩やかに上昇し、権利取得後から緩やかに下落していることが分かる。株主優待銘柄の典型例。

株主優待銘柄を購入する際はここに注意！

◆権利確定日が近づくにつれて株価が値上がりする傾向

⬅株主優待目当ての投資家が買い始める前の権利確定月の2〜3か月前に買う

◆2単元(200株)購入

⬅権利確定前(株価上昇時)に1単元売却(利益確定)
権利確定後に1単元売却(株主優待獲得)
＝
売却益＋株主優待が得られる

【結論】 株主優待銘柄は権利確定月に買わずに2〜3か月前に買う

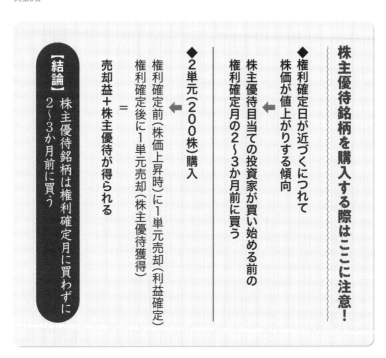

株価動向は〝虫眼鏡〟ではなく〝望遠鏡〟で見よ！

「あなたは株価の動向を何を使って見ていますか？　虫眼鏡ですか？　望遠鏡ですか？」

こんな質問をされたとしたら、どう答えますか。

おそらくたいていの人が頭の中に〝？〟マークが飛んで、何を言っているのか意味が分からないと思います。では、分かるように言い換えます。

「あなたは3か月先しか見ていない投資家ですか――？　それとも3年程度先を見ている投資家ですか――？」

これでお分かりでしょう。

「虫眼鏡で見ている」とは相場を短期的に見ているということ。

「望遠鏡で見ている」とは相場を長期的に見ているということ。

さて、あなたはどちらでしょうか？

誰しもチャートを眺めてみると「あそこで買って、ここで売っていれば、こんなに儲かったのに」と思うことはあります。

「なぜこんな安いところで売ってしまったんだろう。もっと高いところで売れたのに」とか、逆に「なぜこんな高いところで買ってしまったんだろう。もっと安いところで買えたのに」と感じると思います。

でもそれは後で見て、結果が分かっているからこそ言えること。取引の真っただ中にいるときにはそんなことは分かりません。

売り買いする時点では上がるか下がるかは〝50％〟の世界だったのです。たまたま後で見れば下がったけれど、その時点ではもっと上がっていたかもしれない。たまたま上がったけれど、その時点ではもっと下がっていたかもしれない。

短期間の株価変動を正確に当てることなどできません。どんなに銘柄研究して売買タイミングを計ってみても、短期間での株価の上げ下げはほぼ半々の丁半博打に近いのですから、プロでもない限り予測通りに当てることなど至難の業です。いえ、プロでさえ、短期間の株価変動を予測するのは難しいでしょう。

そのような予測困難な状況の下でも短期取引では、チャートに基づいて一定のパターンを見出して売り買いのタイミングを計るのですから、虫眼鏡を使って必死に株価動向を分析するようなものです。

一方、長期投資は短期的な株価動向には目を向けず、数年先を見据えて投資します。それは虫眼鏡とは逆に、望遠鏡を使って相場を眺めているようなものです。

当然、誰しも目先の動きも気にはなるかもしれませんが、長期投資スタイルでいくと決めたら、短期的な値動きはあまり気にしないようにしたほうがいいのです。業績などの成長性から判断して将来的に株価が上昇するという見通しが変わらないならば、途中経過がたとえどのようであろうとも関係ありません。最終的に自分の買値より上で儲かればいいのですから。

〝投資の神様〟と呼ばれる世界一の投資家、ウォーレン・バフェットも言っています。

「短期的には相場がどうなるか分からない」

目先の上げ下げを気にしていると、大きく儲かるものも儲からなくなります。望遠鏡を使うと決めたら、虫眼鏡は使わないことです。

短期取引のタイミング売買は丁半博打

ここで、2つのチャートパターンを見てみましょう。

1つは途中で大きく下落して、その後再度上昇していったパターン。

もう1つは、あまり下落せずにじり高となったパターン。

どちらのパターンのチャートでもあとから見れば、買い時・売り時が分かりますが、実際には現在進行中には100%株価の動きを予測することなど不可能です。

チャートからタイミングを見て売買できる自信がある人は、下落を予想して株価が下げる前にい

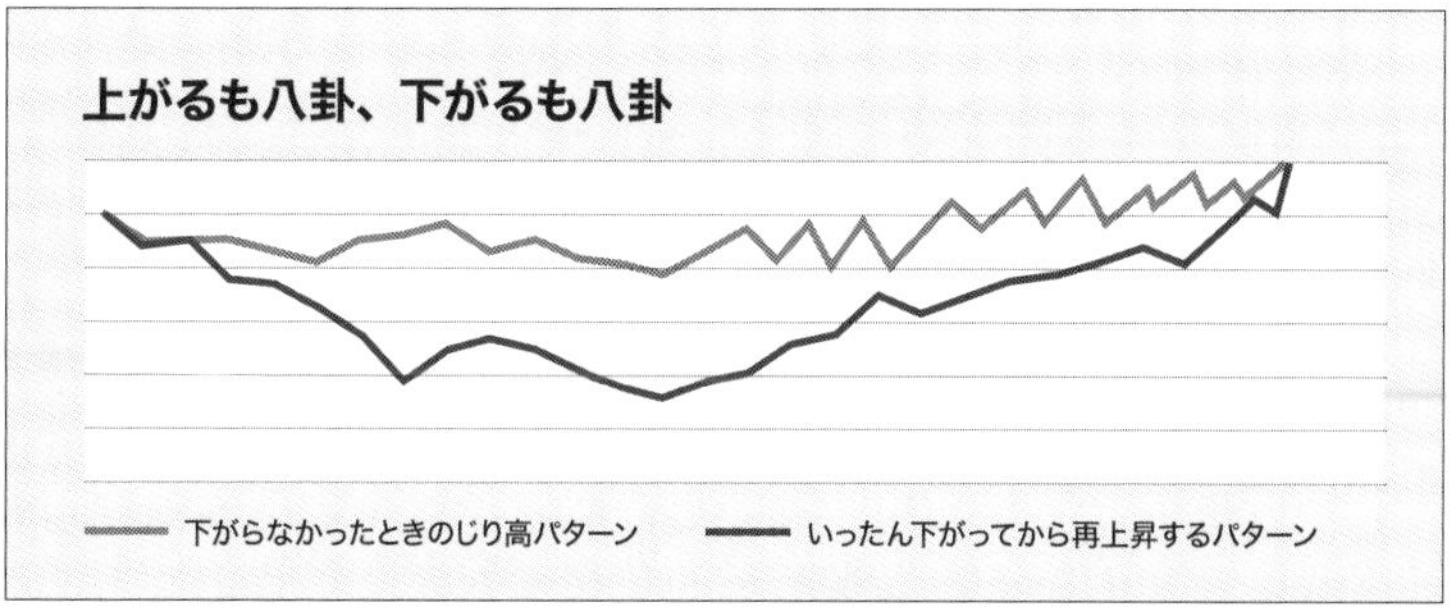

あとからチャートを見れば買い時・売り時が分かるが、株価が上がるか下がるかは短期的に見ると、その時点では上下50%ずつで予測不能。まさに“当たるも八卦、当たらぬも八卦”の丁半賭博になる。

ったん売って利益を確保し、上昇タイミングを計って再度買い戻して利益を得ることができるでしょう。しかし、この手法はかなり高度なテクニックが必要です。チャートから（情報等も含め）適切なタイミングを判断し、売りと買いを入れるという2度のタイミング売買を成功させないといけません。

私にできるかと問われれば、「できません」とお答えします。私のようなサラリーマン兼業の二流投資家がこうしたタイミング売買をすればするほど、成功の確率は2分の1に近づきます。

要するに〝上がるか下がるか〟、コインでいえば〝表か裏か〟のように偶然の確率に負うところが大きくなるからです。おそらく確率的には2分の1だとしても、実際には売買タイミングの判断を誤り2分の1以上の確率で失敗すると思います。

一方、望遠鏡を使う長期投資はどうでしょうか。

銘柄選択さえ正しければ、利益が出る確率は高くなります。

「株価はその企業の収益に収斂する」

つまり、先ほどのラーメン店の例で見たように〝利益（業績）が上がれば株価も上がる〟という株価形成の原理原則に従うならば、企業の成長（業績の伸長）とともに企業の価値も上がり、それに合わせて株価は値上がりしていくはずだからです。

頻繁に売買していると、トータルでの利益は思ったようには増えません。単発の取引では儲かったとしても、取引回数が増えるにつれて損切りする取引も出てくるため、損切りコストがいわば〝経費〟としてかかってきて、トータル利益から差し引かれてしまうからです。

つまり10年単位で見ると、成長企業の株式を買ってそのままじっと持っている人が一番儲かる可能性が高いということです。

これならば虫眼鏡を使ってチャートを分析するような高度なテクニックは必要ありません。それどころか、チャートを見る必要すらないでしょう。

望遠鏡を使う長期投資は、最初の銘柄選びだけ間違えなければいいのです。これこそ、投資にかける時間が限られているサラリーマン投資家に合った投資法なのです。

長期投資で〝一番オイシイ〟ところをいただく

望遠鏡を使う長期投資では、むしろ虫眼鏡を使うことで弊害が生まれます。

たとえば「野村マイクロ・サイエンス（６２５４）」のチャートを見てください（Ｐ76参照）。

２０１７～19年までは緩やかに落ちていく程度で、あまり動きがありません。特に18年終わり頃から19年半ばまでは、ほぼ横ばいでほとんど動きがないように見えます。

しかし、これは長期チャートの性質上そう見えるだけであって、実はこの期間にも株価の上下は結構あったのです。上は1500円程度～下は500円程度のレンジ内で上下に行ったり来たり動いていることが分かります。

もしチャート分析能力があってタイミング売買できる投資家なら、当時のレンジ相場を読み取って、レンジ圏の上の値段で売って、レンジ圏の下で買い戻して、また売って……という売り買いの繰り返しで儲けることができたかもしれません。

あるいは当初は長期投資スタイルで購入した人でも、レンジ圏での値動きにしびれを切らして売ってしまったかもしれません。購入した投資家からしてみると、事業の将来性、業績見通しなどから判断して有望な成長株として購入したはいいけれど、そこから2年間ほとんど動かないのですから、こらえ性のない人は見切りをつけてとっとと売りたくなるでしょう。

資金効率だけを考えれば、この銘柄を売って、もっと値動きが良い銘柄に乗り換えるのも投資戦略のひとつです。短期取引スタイルの投資家はおそらくそうするでしょう。

ところがチャートで分かるように、同銘柄は19年後半から急上昇を開始します。

その要因は、「成長の軌道にいよいよ乗った」「業績が急上昇した」「テーマ株として注目されだした」「好材料が飛び出して一躍人気株になった」……などなど、その株によって様々ですが、とにかくそれまでのレンジ圏を突き抜けて、鋭角に上昇をスタートしたのです。

こうなるとレンジ圏の上の値段で売ってしまった人はなかなか手が出ません。「また戻るだろう」と思って待ち構えていても、そのままスルスル上昇していってしまいますから買うチャンスがなくて結局買えずじまい。大儲けできる〝一番オイシイところ〟を逃してしまうことになります。成長株には往々にしてこういう値動きが多いものです。

結局、野村マイクロ・サイエンスの株価は、19年後半から上昇し、コロナショックによる暴落に巻き込まれて一時的に800円程度まで下げたものの、そこから再び力強く上昇し、20年12月には4000円を超える高値を付けました。レンジ圏内の上げ下げで売ったまま買い戻せなかった短期取引スタイルの投資家は、さぞかし悔しかったに違いありません。

実際の私の取引を例に挙げれば、値上がり開始前の19年の600円台で買い始め、そこからコツコツと持ち株を増やしていき、コロナショックの下落時にも買い増し、その後の上昇局面に上手く乗ることができました。最終的には高値を付けた時点の前後の「3480円」付近で何度かに分けて分割して売却し、大きな利益を得ることができました。それでもまだ一部（500株）は、将来的な値上がりを見据えて保有したままです。

これはひとつの成功例ですが、もし私が虫眼鏡で株価の動きを見ていたら、このような大きな儲けにはならなかったと思います。

株価は振り子のようなものです。ある価格帯を中心に常に上下に行ったり来たりしています。虫眼鏡で見てしまうと、その振り子の動きが気になってしまうため、どうしても売ったり買ったりしたくなります。短期取引で売買を繰り返して値幅稼ぎももちろんいいのですが、時に大化け株を逃すことになります。

それよりも、長期でじっくり持って大きく儲ける。そのためには虫眼鏡を使わずに望遠鏡を使って相場動向をじっくり眺める。これは特にサラリーマン兼業投資家には向いている手法と言えるでしょう。

■「野村マイクロ・サイエンス」の10年チャート

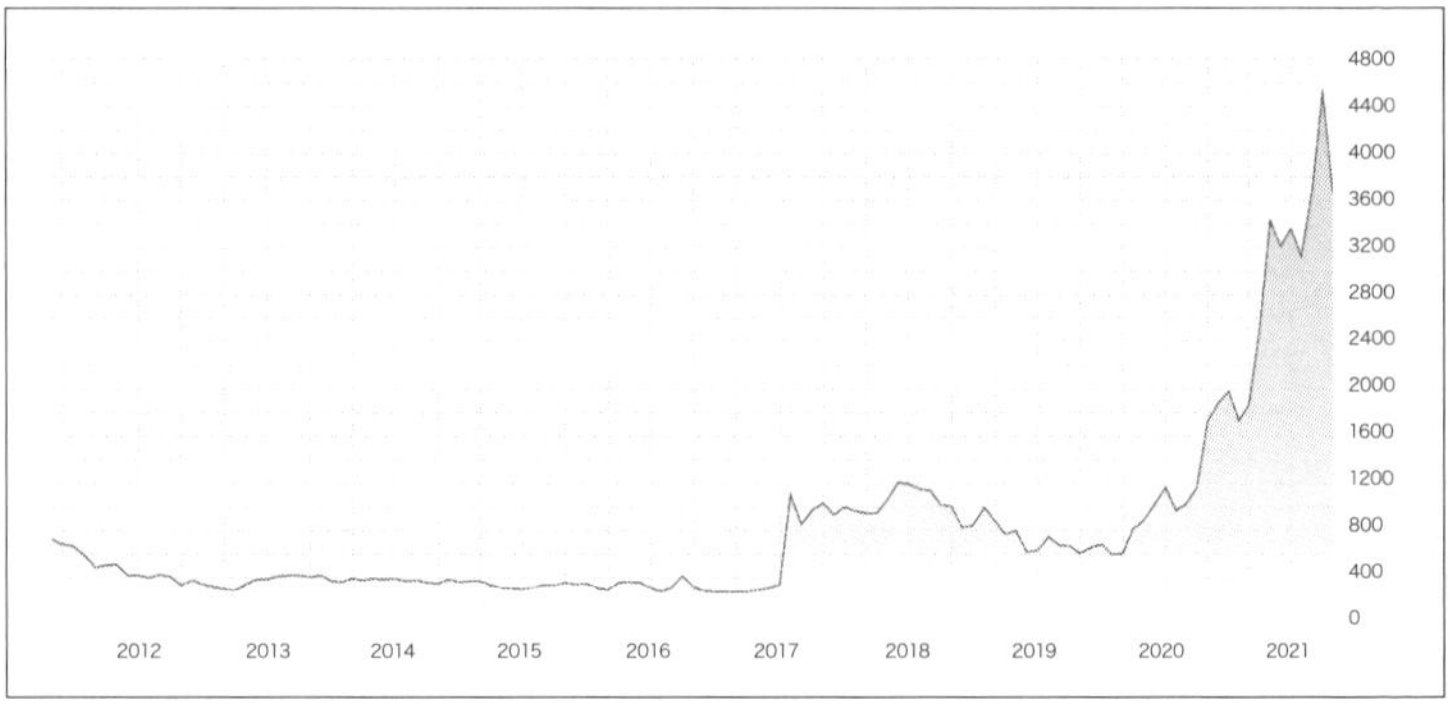

10年チャートで見ると、2018年終わり頃から2019年半ばまではほぼ横ばいで動きがないように見えるが、実際にはこの期間も株価の上下動はあった。2019年後半から急上昇を開始し、コロナ暴落を経て2020年12月には4000円を超える高値を付け、その後も高値を更新。著者が購入を開始したのは、値上がり開始前の2019年の600円台から。

短気投資と長期投資はここが決定的に違う！

◆短期投資

相場を虫眼鏡で見る▽上がるか下がるか予測不能

確率50％（丁半賭博）

◆長期投資

相場を望遠鏡で見る▽短期の上下に左右されない

確率50％以上の勝率（ギャンブルではない）

【結論】 長期投資でじっくり持って一番オイシイ上昇局面で大きく儲ける

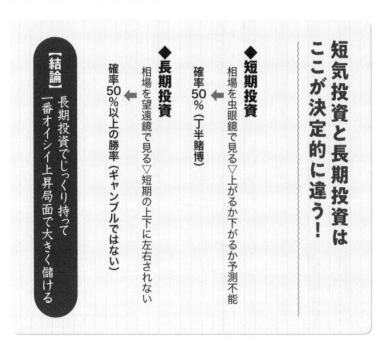

株の儲けは我慢料

株式投資の初心者がついついやってしまいがちなことの一つに、自分の保有株が上昇しないときに、我慢しきれずに動いてしまう（売ってしまう）ということがあります。

株を買う時には「すぐに買った株が上がる」と思って購入しがちです。ところが実際には、なかなか自分の都合のいいようには動いてくれません。実際、株式投資では株を買うと横ばい、または下がることがほとんどです。

それはあなたが買うタイミング、銘柄の選定が悪いのではなくて、株式投資というのはそのようなものなのです。

株価というのは、7〜8割ぐらいの期間は一定の価格帯で推移しています。1000円から1500円になったと思ったら、また1000円に逆戻り。そしてまた1500円へ、といった具合です。実はレンジ圏を脱して動くのは、残りの2割程度の期間なのです。さらにそこから株価が大きく跳ね上がる瞬間というのは、おおむね1割程度の期間しかありません。

つまり株式投資では、株価がレンジ圏内でじりじりと動いている期間のほうが圧倒的に長いということです。そこで我慢できずに、せっかく探し出した有望銘柄を手放してしまう人がなんと多いことでしょうか。

株価が動かない〝凪の状態〟を受け入れる

「そうは言っても動かない銘柄をいつまでも抱えていても仕方ない」

「もっと資金効率良く投資したい」

と考える人は、株価が大きく跳ね上がる瞬間の、その〝1割〟が来るタイミングを見計らって銘柄を次々と乗り換えていく投資法を考えるでしょう。

しかし、私を含めたサラリーマン兼業の二流投資家にとって、すぐに値上がりする銘柄に次々と乗り換えていくのはとても難しいことです。一般の投資家にとっては「上がるタイミングがいつ来るか」ということは予想ができません。

その銘柄の株価が上昇するには、何らかのきっかけが必要です。通常は、業績の上方修正、新製品の発表、株式分割、増配……といった何かしらのプラスニュースをきっかけとして株価の上昇が始まります。

その上昇開始のタイミングを事前に掴むことができれば、すぐに値上がりする銘柄に乗ることはたやすいでしょうが、残念ながら我々一般の個人投資家はそうしたプラスニュースを事前に知ることはできません。会社からＩＲ情報が発信されて初めて知ることとなりますので、すでに機関投資家などの〝プロ〟の早耳筋が買い付けて株価がある程度上昇しているところを買いに行くことになってしまいます。つまりその時点ではプラスニュースは株価に織り込まれているので、そのタイミングで買っても値上がりどころか、逆に値下がりするケースもあるということです。「飛びつき買いは怪我の元」といわれますが、短期で利益を取ろうとすると、どうしてもリスクが大きくなるのです。

となると、特別な情報源を持たない一般の投資家ができることは、上がるタイミングが来るまでじっと株式を保有して待つということです。

私が保有している銘柄の中で大きく上がった銘柄の一つにGMOペイメントゲートウェイ（3769）があります。私がこの銘柄を購入し始めた2014年当時の株価は1000円台でした。この銘柄も保有している間まったく値段が動かない時期が1年以上ありました。それでも会社の業績が成長することを信じて保有を続けた結果、株価の上昇により大きな利益を得ることができました。

まさにこれは、8割の動かない期間をじっと我慢して持ち続けて、株価が大きく跳ね上がる1割の瞬間を捉えた成功例です。

株式投資で大切なことは、大方の日で株価は動かない、いわば〝凪の状態〟であることを知り、そして動かないことを受け入れるということです。

相場が動かない時に、しびれを切らして自ら動いてはいけません。業績が成長していく成長株であれば、いずれ大きく動く瞬間がやってくるはずです。二流投資家にできるのは、保有銘柄が動く瞬間をじっと待つこと。

兼業投資家は相場でご飯を食べていません。ですから、凪の状態でも一向に構わないと鷹揚に構えることです。毎月相場が動いてくれないと困る専業投資家は、様々に言い立てますが、彼らの言うことを真に受けなくてもいいのです。そうした〝雑音〟に耳を傾けてはいけません。

「保有株が上がってもよし、横ばいないし下がってもよし」

それぐらいの心構えでどっしり構えておけば、何も慌てることはありません。

「株式投資の儲けは我慢料」

この言葉の意味をもう一度しっかりと噛みしめてください。

相場のほとんどは自分の思うようには動かない期間であることを受け入れることで、落ち着いた気持ちで株式投資に向かうことができるようになります。

■「GMOペイメントゲートウェイ」のチャート

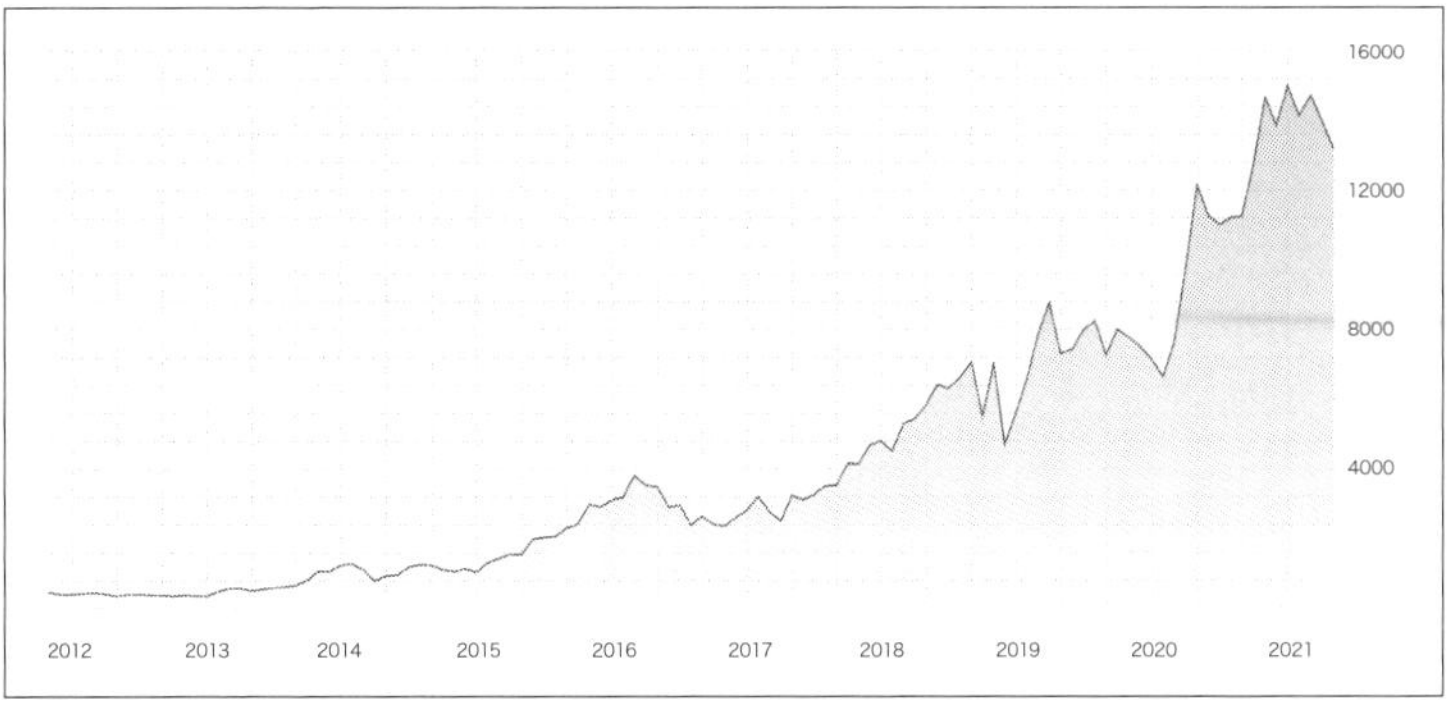

著者が購入開始した2014年当時は“凪の状態”で、1000円台をウロウロしていた。その後、保有して1年ほど経過した2015年後半から上昇開始。2019年からは鋭角に上昇し、2021年に入ると16000円を付け大化け株となった（週足のラインチャートのため、上ヒゲ部分は割愛）。

待てば収穫の秋が…
株の儲けは我慢料！

◆株価は8割以上の期間は動かない

⬅

〝凪の状態〟を我慢して、
どっしり構えて持ち続ける

⬅

「株式投資の儲けは我慢料」

【結論】 相場は自分の思うようには動かないことを受け入れる。

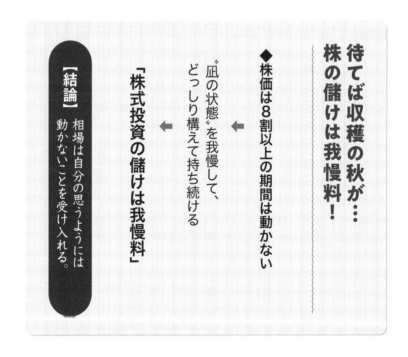

〝ババ〟を掴んだら躊躇なく損切りせよ！

私がお勧めしている〝中長期投資〟は、決算数値などの公開されている情報をもとに、今後も成長していく銘柄を探しだす投資法です。

投資とは不確定な将来に向けて資金を投じることですから、成功することもあれば当然失敗することもあります。なるべく成功する銘柄だけに投資したいものですが、そう上手くいくものではありません。現にいまだに私も失敗することがありますし、株式投資を始めた当初はどのような銘柄に投資していいのか分からず失敗することが多いものです。

しかしながら、成長株投資では早い段階で失敗したほうがいいのです。資産が増えてからの失敗は投資金額が大きくなっている分、致命的な失敗につながる恐れもあります。そうなる前に資金が少ない段階で、ある程度失敗をしておいたほうが、のちのち大ケガを防ぐことができます。そう考えれば、株式投資に対する恐怖感も少し薄れるのではないでしょうか。

狙った銘柄に投資する際に、必要以上に恐れて買うのに二の足を踏んでいては、みすみすチャンスを逃すことになります。また、買ったあと値下がりしたときにも怖くなって我慢できずにすぐ手放してしまうことになりかねません。

それならば最初から「投資には失敗がつきもの。失敗するのが当たり前。失敗するからこそ儲かる投資手法が分かる」と考えておけばメンタルを優位に保てますし、投資マインドが必要以上に低下することもないでしょう。

かくいう私自身も失敗を重ねて、現在の手法に辿り着いています。

TATERU株での大失敗

それでは具体的にどのような失敗例があるのでしょうか。

利益を確定させたあと、投資期間を空けることなく、ついついすぐに次の銘柄に乗り換えてせっかく儲けた利益を吐き出してしまうのはよくある失敗例です。

ひとつの銘柄で利益を得たことに気をよくして、「よし、次だ！」とばかりに、あまり銘柄選定もせずに勢いで次の銘柄に手を出すと、たいてい苦戦をしいられるものです。「勝って兜の緒を締めよ」と言いますが、勝ったときに気を引き締めて次の戦い（次の銘柄）に臨むのは難しいものです。くれぐれも頭を冷やして冷静に、戦いに勝った（利益を得た）興奮を落ち着かせてから改めて次の戦いに備えて準備をするべきです。

その他の失敗では、将来の成長性を見込んで買った銘柄の成長性が失われたにもかかわらず、その銘柄にこだわって投資してしまい損してしまうというケースもあります。

当初の見込み通り成長しないということはその時点で〝成長株〟ではなくなったわけですから、本来ならば潔く撤退すべきところを見誤ったための失敗です。

実際に私が成長株投資に失敗した例をご紹介しましょう。

不動産投資会社の「TATERU（現Robot Home）」（1435）への投資です。この企業が起こした不祥事は大きなニュースとなって世間を賑わせただけにご存じの方も多いでしょう。

私が目をつけた当時のTATERUは、「IOTで不動産投資を変える」というキャッチフレーズのもとに、サラリーマン向けにデザイナーズ投資用不動産を販売していました。当時はテレビでCMを派手に打っており、いかにも最新のビジネスモデルであるかのような印象を受けました。

当時の私は不動産投資にも興味があったので資料を取り寄せてみて、実際にどのような強みがあるのかを確認しようと思いました。資料請求をするとすぐに営業担当者から連絡が入り、直接会って話をすることになったのです。

細かい詳細は省きますが、直接会って同社のビジネスモデルを聞いてみると、販売側は自信を持っていて、「これならば一定の顧客が購入することは間違いなさそうだ」と感じました。私自身は不動産を購入しませんでしたが、TATERUという会社自体には興味を持ち、毎年業績を伸ばしていることをデータで確認したのち、成長株投資の一環として同社の株式を購入しました。

ところが、TATERU株を購入してしばらくした頃、同社のビジネスモデルの根底を覆す衝撃的な事件が起きました。

■「TATERU(現Robot Home)」のチャート

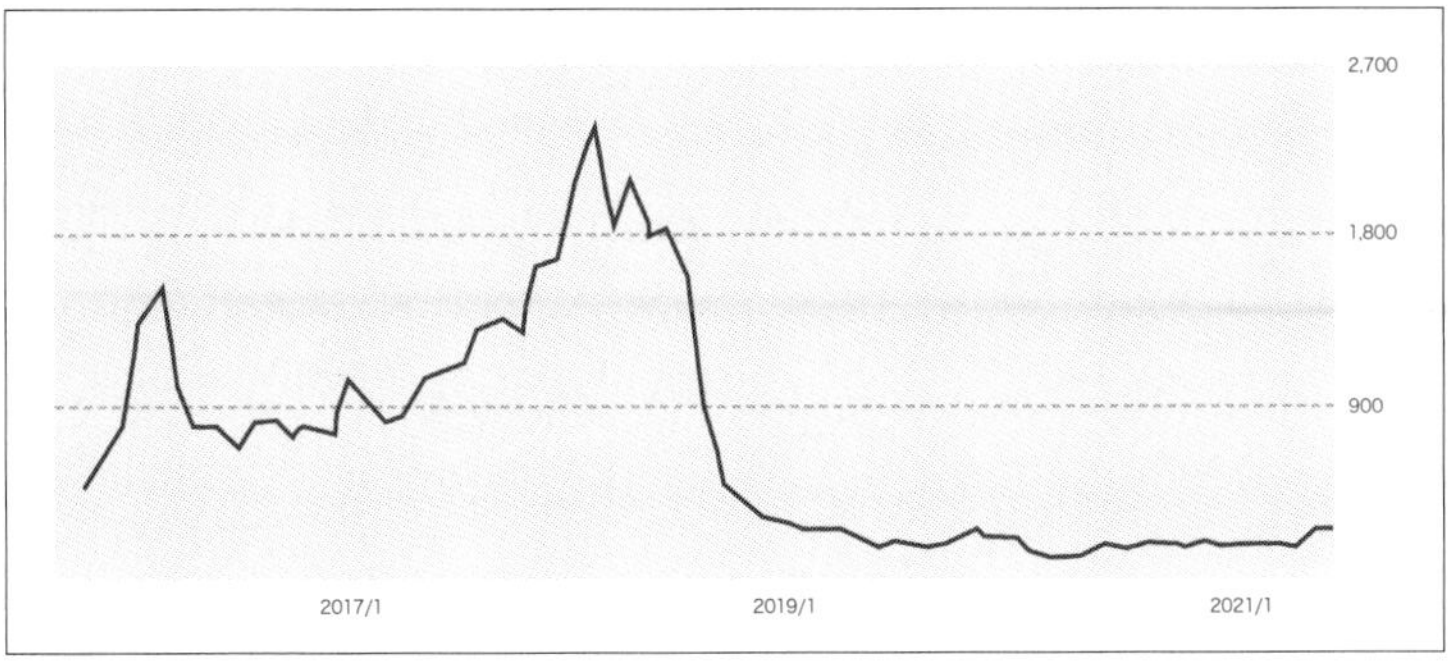

2018年12月、建設資金借り入れ希望者（顧客）の預金残高データなどの融資資料を改ざんしたとして社会的問題となった不動産投資会社TATERU（現Robot Home）。株価は高値2500円どころから500円以下まで急落。途中でわずかな戻りはあったが、成長株としてのビジネスモデルの根底を揺るがす不祥事だったために株価は戻らず低迷を続け、現在も200円台で推移。

同社の営業担当者が、投資物件を購入する予定の顧客の収入や銀行口座を偽造していたというのです。当時ニュースでも大々的に報じられて、「不正申し込みが会社ぐるみで行われていたのではないか」という疑惑から、株価は連日のストップ安が続き、２０００円近くを推移していた株価はあっという間に８００円を割り込むまで大きく下げました。

売ることもできず、なすすべもなく値下がりするのを見ているときの投資家の心理ほど惨めなものはありません。いくらメンタルを強く保てといってもしょせん無理な話。ただただ茫然として自分を嘆くしかありませんでした。

ここで私はさらなる失敗をしてしまったのです。値段が付いた段階（８００円どころ）ですぐに損切ればよかったものの、「いつかは株価が戻るのではないか。これだけ大きなニュースでもリバウンドはあるだろう」と、株価の戻りを期待してしまったのです。

しかし私の甘い見通しとは裏腹に、コンプライアンス上問題がある企業は徹底的に売られます。TATERUをポートフォリオに組み込んでいた機関投資家からの徹底的な投げ売りによって、株価は反発することなく下げ続けました。

その後、TATERUは事件発覚後の決算で大幅な赤字を計上。上場維持はなんとかできましたが、株価は100円台から200円台と、かつての2000円台から比べると10分の1以下にまで落ち、現在も200円台（2021年6月現在）のままです。

結局、私も200円台で損切りせざるを得ませんでした。50万円ほどの大きな損失を出して、私のTATERU株投資は大失敗に終わったのです。

失敗は〝失敗〟として処理することで養われる投資家メンタル

今思えば、TATERUの悪材料は一時的な悪材料ではありません。コンプライアンス関係の不祥事に関する社会の見方は厳しくなっています。企業の存在自体に関わる問題になりかねません。社会からの信頼を失ったことで、ビジネスモデルが完全に崩壊したのです。その時点で〝成長株〟ではなくなったのですから、早急に見切ってしまうべきでした。

このように成長株投資をしている以上、一定の確率でババを掴むのは避けられません。最初はエースだと思って買ってみたら、いつの間にかババに変わっていた。つまり自分の見込みと違って成長性が失われてしまった。その時は躊躇せずにポートフォリオから外す（売る）べきです。たとえ損失が出ようとも損切りできることが大事です。その損切りが次の投資の糧になります。

失敗せずに投資が上達した人などいません。どうせ失敗するなら早いほうがいい。もちろん最初から失敗しようと思って投資する人はいませんし、失敗しないにこしたことはありませんが、投資は経験がものをいう世界です。だとすれば失敗という経験も必要。失敗も適切に処理することができれば、その経験から確実に次の投資に生かすことができます。

ＲＩＺＡＰグループ（２９２８）でも失敗を経験しました。

同社がＣＭを大量に投入して認知度が高まっていた頃に投資を開始。その後私の思惑通り、同社の積極的なＭ＆Ａ戦略が評価されて株価は急騰し始めます。

一時、私の購入した価格の約10倍まで上昇し〝テンバガー〟を達成したものの、ご存じのように経営状況が悪化し業績は急下降。それに伴い株価も急転直下でジェットコースターのように真っ逆さまに落ちていきました。幸い買値より上で処分したために一応利益は出ましたが、一時の10倍増と比べると天と地ほどの差。

「ああ、あそこで半分だけでも売っておけばよかった……」

後悔しても後の祭り。雀の涙ほどの利益に、まるで損したような気分で涙したのを覚えています。

成長株投資では、将来の成長性が失われたら見切ることが肝心です。自分の予測と違ってしまったら躊躇なく損切りする。いつまでもマイナスを抱えているより、失敗は失敗と処理したほうがす

■「RIZAPグループ」のチャート

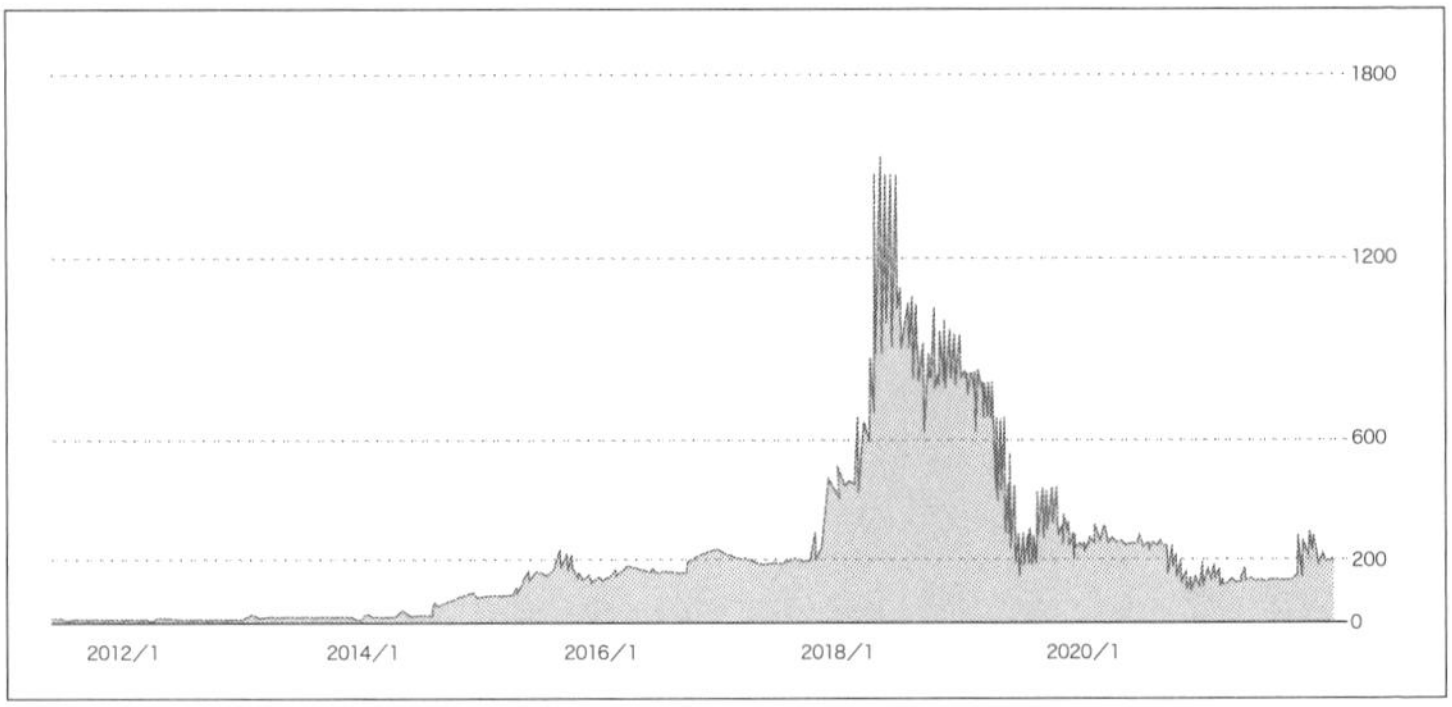

RIZAPグループは著名人を起用したインパクトあるTVCM効果や積極的なM&A戦略などで株価が急上昇したものの、経営悪化とともに株価は急降下。著者は株価上昇前の100円台で購入しテンバガーを達成したが、その後の急落で"逆テンバガー"となり、買値のギリギリ上で処分。成長株投資の"怖さ"を体験した典型例。

っきり楽になれます。

株式投資はすべての取引で成功することはできません。投資経験を積むにつれて〝なるべく失敗を減らすことが大切なゲーム〟だということが分かってきます。

失敗していいのです。失敗という経験を通じて学ぶからこそ投資家として成長し、そうしたプロセスの一つ一つが自分なりの投資手法を固めていくために役立ちます。

そして、失敗という経験が〝投資家脳〟へとメンタルを切り替えてくれるのです。

相場に張り付いてはいけない

株式投資を始めると、どうしても株価が気になって、取引時間中にできるだけ相場に張り付いて状況をチェックする人がいます。

自分の保有銘柄の株価が気になるのは仕方ありません。特に投資経験の浅い初級者であればあるほど手持ち銘柄の株価動向が気になるでしょう。コロナ騒動で広く一般に普及し始めたテレワークが導入されるにつれて、会社に行かずに済むようになると、就業時間中でもついつい株価ボードをチェックしてしまう人も増えているかもしれません。

しかし、取引時間中に四六時中株価ボードを眺めていても、それで株価が上がるわけではありません。株式投資以外に本業を持っている我々サラリーマン兼業投資家にとってはマイナスになることはあれ、プラスになることはほとんどありません。

デイトレードをはじめとする短期取引で利益を得ようとする手法を取っているトレーダーは別として、本書で推奨している中長期取引の成長株投資スタイルであれば、1日の値動きはあまり投資行動に影響がありません。中長期的には株価は会社の収益に収斂して、それに見合った株価に値上がりしていくものですから、途中途中の値動きを随時チェックしていても意味がないのです。

株価ボードを頻繁にチェックするとメンタルがブレる

相場に張り付く時間が長くなればなるほど、冷静なメンタルではいられなくなります。ついつい短期の値動きに目が眩んで、利益確定してしまったり、値下がりが怖くて損切りしてしまったり。中長期狙いであれば儲かる銘柄でも、メンタルがブレたせいで利益に結び付けることができないケースも出てきます。

短期取引は1回のトレードで得られる利益というのは、限定されています。たまたま急騰銘柄に当たって短期で大きな利益を得る場合もありますが、多くは株価の変動の範囲内で値幅を取っていくスイングトレードです。利益を確定させつつ、損失を少なくする。この作業をコツコツと積み上げるのがデイトレードをはじめとする短期取引の特徴です。

こうした短期取引で継続的に利益を上げるには、それこそ株価ボードに張り付いて相当本腰を入れて取り組まないといけません。短期取引という土壌で戦う相手は株を専業にしているようなプロやセミプロの手練れの上級投資家たちが多いのです。相当な覚悟と技術を持って戦いに臨まないと惨敗を期すことになります。株式市場から退場するタイプの投資家はこのトレードタイプの投資家が圧倒的に多いのです。

実際に私も株式投資を始めて数年した頃（2005年）、短期取引にのめり込んだことがあります。

■「ニチモウ」のチャート

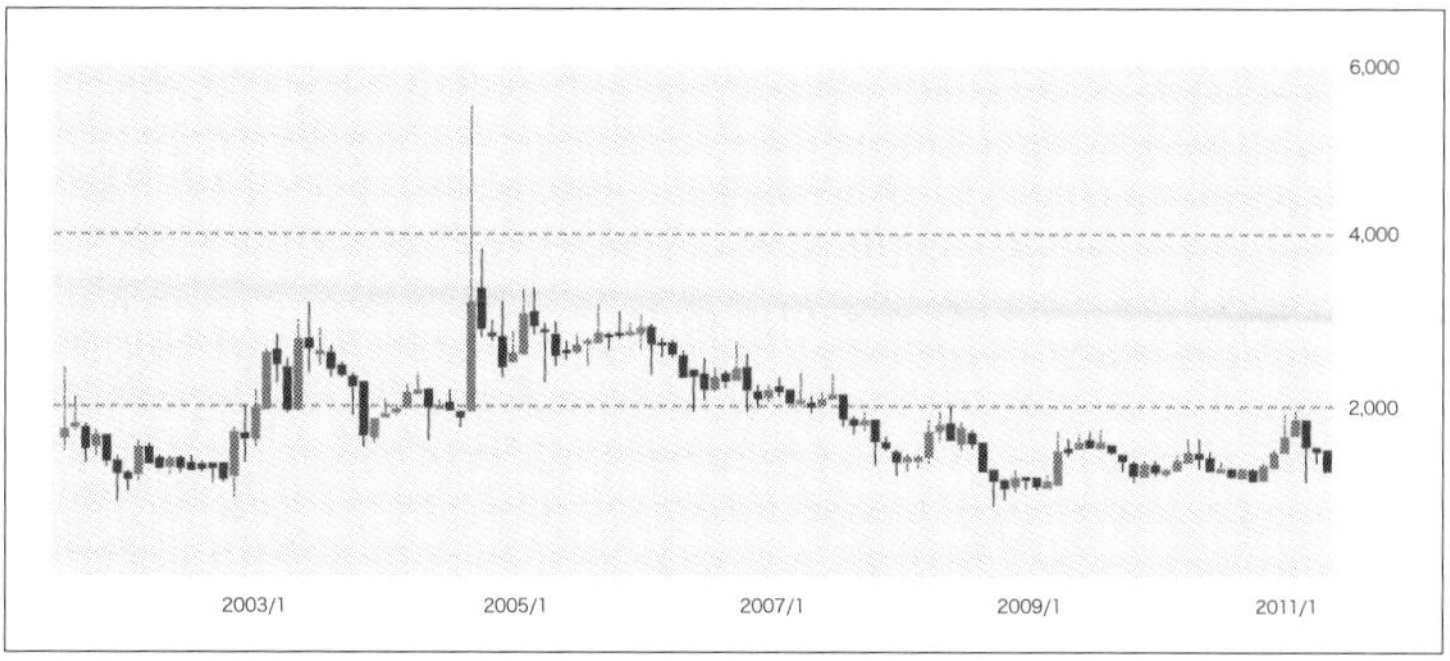

2005年当時のニチモウは仕手介入（噂）から急騰し、2000円どころにあった株価は一気に3倍の6000円まで跳ね上がった。仕手株にはジェットコースター的な魅力があるが、上がるのも早いが下がるのも早いため、機敏な対応と売買テクニックが必要。相場に張り付いて"プロ"と渡り合う覚悟がないと負けてしまうのでサラリーマン投資家には向かない。

仕手株でグングン値上がりする株のジェットコースター性に魅せられて飛びつき買いして、案の定大失敗しました。典型的な仕手株のニチモウ（８０９１）が市場で話題となり盛り上がりだしたところで「よし！　乗ってみよう」と信用買いで飛び乗ったものの、そこから一気に急落。あっという間に１００万円の損失を出してしまったのです。

当時はニチモウの株価動向が気になって会社の仕事も手につかず、取引時間中まったく落ち着きませんでした。今となってはいい経験でしたが、１００万円の損失を出してから1か月ほど落ち込んだ気持ちを引きずっていました。

ニチモウの失敗がきっかけで「つくづく短期取引は向かない」ことを悟った私は現在の中長期取引スタイルへと移行し、信用取引は一切やめました。

感情に流された取引は負ける可能性大

相場チェックの時間が長くなると、取引口座を開いている証券会社もある意味では〝敵〟になります。証券会社にとって一番オイシイお客さんは毎日頻繁に取引してくれるお客さんです。長期目線でじっくり構えて取引する私のようなスタイルの投資家は、証券会社の収益源である売買手数料が稼げませんので歓迎されざる客です。

逆に言えば、証券会社はなんとかして顧客に取引をさせたいと思っているわけです。証券会社のwebサイト（証券口座、株式ボートなど）にアクセスすればするほど、証券会社の思惑にハマってしまいます。中長期取引をするつもりでいても、ついつい値動きにつられて売り買いしたり、目についた銘柄に飛びつき買いしたり、当初の狙いと違う短期売買をしてしまうものです。

何も市場が開いている時間にまったく相場を見るなと言っているわけではありません。定期的に株価チェックをしてもいいのですが、見たからといって〝取引はしない〟という習慣をつけることが大事です。証券口座にログインして相場をチェックして、その流れで取引してしまうのは、感情に流された取引になります。感情のままに取引してしまうと、負ける可能性が高くなります。事前にしっかりとしたプランを立てていない取引は、株価動向によって気持ちがブレブレに揺らいでしまいます。そのようなメンタルでは決して勝てません。たまたま運よく1つの銘柄で儲けたとしても、それで味をしめて次々に取引してしまうと必ず負けます。

私も相場時間中に証券口座を確認しますし、株価ボードを見たりもします。ただし、それは単に確認するためであって、取引するための投資行動ではありません。

いわば場中はプロが活発に取引をしている時間帯です。海千山千の強豪ひしめく戦いの場にあえて踏み入れることは、自ら望んで斬られにいくようなものです。強いライバルが火花を散らす時間帯で勝負するよりも、もっと弱い相手と戦って勝てばいい。新規ビジネスを考える起業家も、参入しようとしているマーケットに強力なライバルがいないかを確認します。株式投資でも同じこと。ライバルはいるけれど、弱い相手に勝つという発想が必要です。それが中長期投資スタイルです。

もちろん強い相手を倒して勝てる自信がある投資家は止めません。１００人のうち５人ぐらいは短期取引の才能を持った投資家がいます（なお、この才能は、学歴・テストで測れる頭の良さとはまったく別の能力です）。こうした自信のある方は、思うような取引をすればいいと思います。しかし私をはじめとするサラリーマン二流投資家の皆さんは、プロやセミプロと戦って勝てる実力は持ち合わせていないのです。だとすれば、負ける相手とは手合わせしないことです。

中長期投資を心がけるならば、日中頻繁に相場を見る必要はありません。リアルタイム性で情報を得ても、その都度売買するわけではないので、あまり意味がありません。

相場には張り付かない。ぜひ、そのスタイルを忘れないようにしてください。

必要ない情報はシャットアウトせよ！

世の中には様々な情報が溢れています。テレビをつければニュースや情報番組で次々と情報が発信され、週刊誌や月刊誌などの雑誌にも情報が氾濫し、おまけにＹａｈｏｏなどのネット情報をはじめ、ＹｏｕｔｕｂｅやＴｗｉｔｔｅｒなどのＳＮＳからも日々刻々とありとあらゆる情報が飛び交っています。その中にはもちろん株式に関する情報も大量に含まれています。

株式投資をするにあたり、こうした情報をできるだけ知りたいと思うのは投資家心理としては当然でしょう。日経新聞などの新聞に目を通し、株式情報番組などの経済ニュースを見て経済アナリストの分析を参考にし、株式情報誌で情報を集め、ネットから銘柄情報を検索し、著名Ｙｏｕｔｕｂｅｒの推薦銘柄を頭に入れる。考えただけでも時間を取られて大変なうえに、情報がありすぎて何を信じて株を買えばいいのか分からなくなりそうです。特に自分の投資スタイルが固まっていない初心者ならばなおさらです。

しかしだからといって、情報など必要ないかといえば、そんなことはありません。株式投資をするうえで情報は必要不可欠です。それどころか情報を知らないで株を売り買いすることは無謀とも言えるでしょう。

とはいえ、前述したような情報すべてを知っておく必要があるかと言われれば、そこまで知る必要はありません。

いいえ、むしろ情報を気にしすぎると逆にマイナスになります。世の中に配信されている株式に関する情報の大部分は、勝つための投資家脳にとって邪魔なものなのです。

それでは株式に関する情報は何が必要なのか？　どこからその情報を得ればいいのか？

ここでは、株式投資に必要な情報についてご説明したいと思います。

評論家やアナリストの意見は百害あって一利なし

結論から先に書けば、株式投資するにあたっては、自分の生活に関係ない情報はなるべくシャットアウトすることが大切です。

たとえば昨年からマスメディアに溢れている〝コロナに関する情報〟もその一つです。テレビや雑誌といったメディアは、マス層（大衆）が食いつきそうなネタはガンガン流します。大袈裟だろうが何だろうが、怖いもの見たさに食いついてくる大衆を逃がさないように、次から次へと視聴者（読者）が興味を引きそうな情報を発信し続けます。テレビなら視聴率、雑誌なら売上が欲しいのですから、それも致し方ありません。

しかし、そのように売上欲しさに垂れ流される情報を信じて必要以上にコロナを恐れていては何も始まりません。もちろん自分の生活に必要最低限の情報は得るにしろ、客観的な視点に立ってみて「自分に必要ない」と思えば、その手の情報はシャットアウトすべきです。

株式投資という観点で見ても、ただ視聴率を稼ぎたい、そうした番組から放たれる情報は百害あって一利なし。投資家脳の判断を狂わせるだけです。

一番良いのは、情報の見出しそのものは確認するものの、無駄な情報だと判断したら、それ以上はシャットアウトするというスタンスを取るのがいいでしょう。

株式投資に関する番組や特集記事などを見るのはどうでしょうか。

これには良し悪しありますが、やはり必要以上に記事の内容（情報）を信用しては危険です。いわゆる〝アナリスト〟と呼ばれる専門家や評論家たちの分析した意見は外れることが多いので信用できません。はっきり言って、見るだけ時間の無駄です。

そうした経済（株式）アナリストたちは、「今後の株式相場の行く先がどうなるか」「日経平均の動きはどうか」「為替がいくらになるのか」……などなど、したり顔で予測していますが、そうした予測が当たる確率はかなり低いと思って間違いありません。相場の正確な予測など誰にもできないのですから、アナリストの分析など参考になりません。

事実、２０２０年3月からのコロナショック大暴落を事前に正確に予測したアナリストが何人いたでしょう。コロナショック後の上昇局面でも「いったん株価は戻っても二番底をつけにいくので株価はさらに値下がりする」という主張がほとんどでした。少なくとも「ここから日経平均3万円まで上昇する」と予測したアナリストは皆無に等しいはずです。もしその手のアナリスト情報を信じていたならば、とても株を買う気になどならずに、コロナ後の上昇相場に乗れず、ただ手をこまねいて悔しい思いをしていただけでしょう。

勝てる投資家脳、儲かるメンタルになるには、まずアナリストや評論家といった、いわゆる〝専門家〟の声をシャットアウトすることです。彼らの意見は株式投資するうえでは一切、参考になりません。したり顔で分析するような人の意見に影響されないような環境作りをしてください。

経済評論家、株式アナリストのありがたいお言葉に触れることは、いわば〝毒に触れる〟こと。万が一、毒に触れてしまったら自分の外に吐き出してください。自分の中で解毒できる能力ができるまでは、そうした評論家たちの発言に触れないようにしてください。それが勝てる投資家脳になるためには必要です。

しつこいようですが、彼らの意見を聞いてプラスになることは何一つありません。できるだけ評論家、アナリストの意見から耳を遠ざけることが大事です。そうした姿勢を貫くことで情報に惑わされない投資家メンタルが形成されます。

勝てる投資家脳になるには〝一次情報〟だけ知っておけばいい

現代はネット社会ですから、ＳＮＳをはじめとするネットから株式情報を得ている投資家も多いようです。株式関連の著名なYoutuberなどもいて、そうした動画から情報を得ようと視聴している方も多いでしょう。彼らは話も上手ですし、テンポも良くて聞きやすい。情報を売ることに長けていますから、ついつい参考にしてしまうケースも多いのではないでしょうか。

しかし内容はといえば、どこまで参考にしてよいものか甚だ疑問です。というのも、彼らの発信している内容は、自分の都合のいいように加工されている場合があります。自分に不都合な情報は省いて、オイシイ部分だけをチョイスして、あたかも有望銘柄のごとく紹介しているケースも見受けられるからです。

彼らは、彼ら自身も株を売り買いしている投資家です。だとすれば自分に都合の悪い情報をわざわざ発信するわけがありません。おうおうにして情報の発信者は自分の利益になるようなポジショントークをするものです。たとえそれが意図したものでないとしても。

株を保有していれば「もっと上がって欲しい」という見込みで話すでしょうし、株を保有していなければ（また売り建てしていれば）「もっと下げる」見通しを話すでしょう。

これらの〝情報害〟を排除するためにはどうすればいいでしょうか？

逆に言えば、では何を見ればいいのか？　どんな情報が信頼できる情報なのか？

それは企業が公表する公式の情報です。

誰かの発信した意見や分析などの〝二次情報〟ではなく、企業が発信する〝一次情報〟を得ることです。企業情報は、その企業自身が一番把握しているのです。そして企業が公表している情報にウソはありません。もし虚偽の情報を流せばコンプライアンス的な問題となり、企業にとって致命的なダメージとなります。

一次情報は圧倒的に正確です。誰の手も触れていない以上、何の加工もされていません。どんなに優秀なアナリストも、分かりやすく銘柄情報を提供するＹｏｕｔｕｂｅｒも、結局のところ、情報ソースは企業の一次情報です。それ以上の材料をもとに話しているわけではないのです。

企業の公式ウェブサイトなどを通じて企業自らが発信する公式情報ですから、アナリストやＹｏｕｔｕｂｅｒのようにエンターテインメント性があって、分かりやすく情報がまとめられているわけではありません。むしろ堅苦しくて面白みのない情報配信ですから、実際に見ている人も少ないでしょう。社長動画などがアップされていても、ほとんど誰も見ないと思います。

だからこそ、そこで差がつくのです。勝てる投資家になれるのです。

企業が公式に公表している事業説明などの情報からその会社の概要を掴んでみてください。自分が「この会社にお金を出していいものかどうか」を自分の目で確認してください。

とにかく一次情報を見て、自分なりに判断するということが投資家として必要な行動です。これを習慣づけることで、勝てる投資家脳に変換されて、投資家としてのメンタルも強化されます。

身の回りに隠れているヒントを敏感に感じ取る

一次情報は企業から発信されている公式情報だけではありません。自分の身の回りにある事象も一次情報です。自分の身の回りで実際に起こっている変化を捉えることは投資家として重要です。自分で実際に感じることができる〝変化〟に投資チャンスが隠れていることも多いのです。

たとえば「Ｓａｎｓａｎ（４４４３）」という会社をご存じでしょうか？　おそらくはＴＶＣＭなどで名前は知っているのではないでしょうか。

あの『孤独のグルメ』などで人気の俳優の松重豊さんをメインにＣＭに起用し、「早く言ってよぉ……」というセリフで一躍知名度がアップした企業です。事業内容はといえば〝法人向けクラウド名刺管理サービス（オンライン上の名刺管理システム）〟を軸に、業績を伸ばしている成長企業です。

実は、このサービスですが、気づいたら私の勤めている会社でも導入されていました。実際に使ってみると、使い勝手がよく便利ですし、しかも一度導入したら名刺管理という性質上、他社に切り替えるとか、システムの利用自体をやめてしまうことは、なかなか難しいサービス内容です。名刺という、企業にとって重要なビジネスデータをオンラインで管理しているわけですから、そのデータベースを基に他のビジネスも生まれてきそうです。

■「Sansan」のチャート

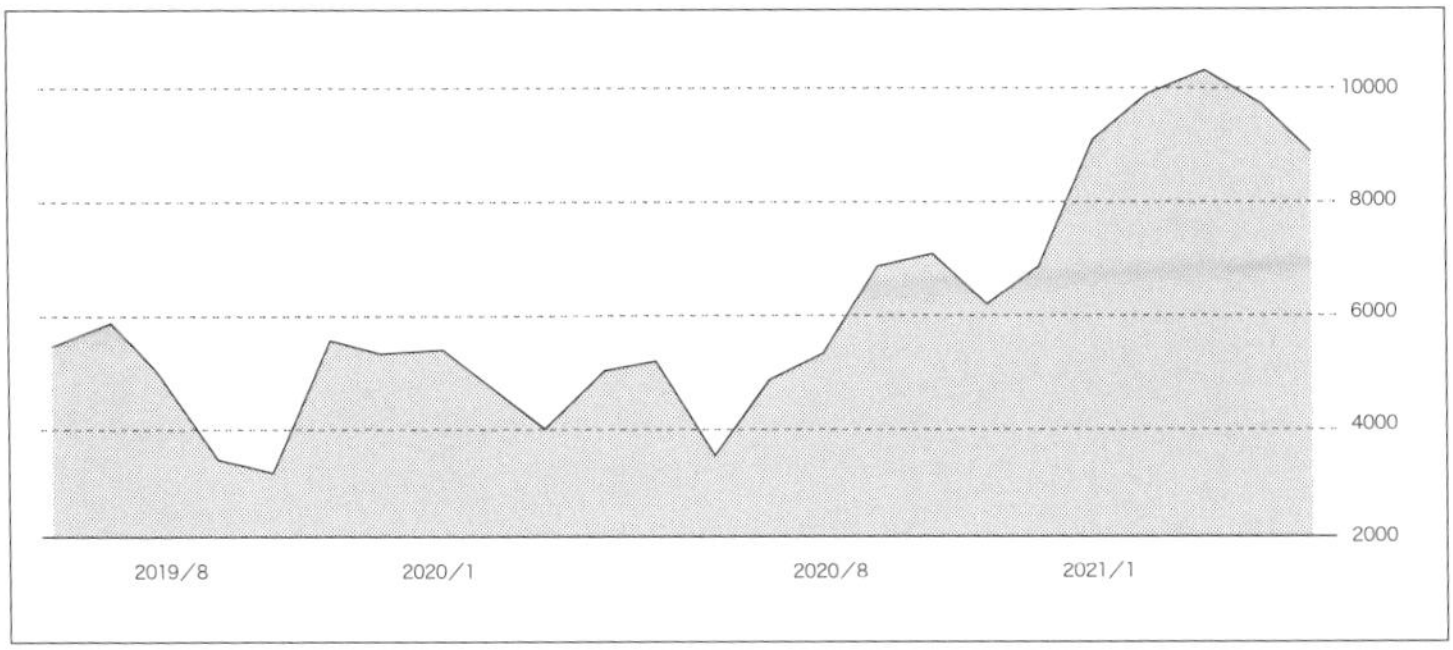

小型成長株のSansanはTVCMで知名度アップとともに業績も順調に成長。コロナショックで一時3000円台に落ちたものの、その後力強く上昇し、今年４月にはついに１万円の大台を付けた。企業の成長に合わせて株価も上昇する成長株投資の典型例。

何よりもＣＭをかなりの数打って知名度を上げる〝攻めの姿勢〟も気になって注目し、私も主宰するセミナーで取り上げていました。当時の株価は値動きに乏しく、一時２０２０年3月のコロナショックで３０００円台前半まで落ち込んだものの、その後順調に上昇を開始し、２０２１年に入って急上昇。３月にはついに1万円の大台を付けたのです。これは実際に私が経験した〝身近な一次情報〟に注目して成功した例です。

　こうした日常に潜んでいるヒント、身の回りで起きている変化を捉えて投資することも大事です。コロナ禍でも密になりにくいゴルフ場や、ダクトで換気がいい焼肉店が流行っているなど、世の中のちょっとした変化に敏感になることで投資のヒントが見えてきます。

　企業が発信する一次情報をチェックし、身の回りのことに興味を持ちつつ、必要ではない情報についてはシャットアウト。そうした姿勢が投資家脳を鍛え、勝てるメンタルを作り出すのです。

「買おうか買うまいか」迷ったら、最後は〝えいや！〟で買ってみる

株を買う時、あなたはどういうタイミングで購入しますか？

〝思い立ったが吉日〟とばかりに、買いたくなったら即買いの人もいるでしょう。狙いをつけた株を徹底的に調査して「これはイケる」と確信しても、まだ慎重に慎重を重ねて買うタイミングを見計らうという人もいるでしょう。

どちらが正解というわけではありません。１００人の投資家がいれば１００通りの購入スタイルがあって当然です。

とはいえ、よほど思い切りのいい人でない限り、「買うべきか買わざるべきか」多かれ少なかれ迷うのが普通です。特に初心者（初級者）のうちは、まだ判断基準が定まっていないため、エントリータイミングが分からず購入に踏み切る決断がなかなかできないものです。

企業内容を調べたところ、魅力的な会社であることは確認できたし、業績アップとともに株価も上昇していく可能性が高いことは分かっても、いざ買うとなると「でも目論見が外れて株価が落ちるかもしれない……」などと二の足を踏み、強気と弱気の狭間で心が揺れ動いているうちに〝買ったほうがいいのか、買わないでいたほうがいいのか〟分からなくなる。株式投資の経験が浅い人ほど感じる悩みです。そして買おうか買うまいか迷っているうちに、スルスルと株価が上昇していき、

結局手が出せずに悔しい思いをした経験は誰にもあります。

そうした後悔をしないためにはどうすればいいのか？

つまり、どういうタイミングで買えばいいのでしょうか。

まずは100株〝手付買い〟してみる

狙った企業の株を買うのに、いつ買っていいのかタイミングが分からない時、私ならまず少しだけ買うようにします。

たとえば1000株買う余力があれば、まず100株、あるいは200株だけ買ってみる。こうしておけば、たとえその株がいきなり上昇を開始しても「買えなかった」という悔しいメンタルは半減します。もちろん「1000株全部買っておけばよかった」と、全額購入できなかった後悔は残るかもしれませんが、1株も買えずに悔しい思いをすることはなくなります。「予定数は買えなかったけど、買えただけよかった」と自分を納得させる材料にもなります。

100株（200株）だけしか買えなかったことをガッカリする必要はありません。購入した銘柄とのおつき合いは、一度の購入で終わりではないからです。

購入したあとに、決算発表により〝業績アップ〟が公表されるなどのIRが出た時には、すでに買った手持ち株の含み益を頼りとして、買い増ししてポジションを積み増ししていけばいいのです。

業績が向上していけば、自分が購入した水準まで株価が戻る確率は減ります。コロナショックなどのイレギュラーな大暴落を除けば、基本的には業績アップするにつれて株価水準も上がっていくものだからです。

こうしたポジションの積み増し（買い増し）は、非常に有効な投資手法です。最初に少しだけ買った株はいうなれば〝手付金〟のようなもの。〝お試し〟で買った手付株が、その後にポジションを積み増す際に〝平均コストを下げる〟という意味で有効利用できるわけです。

私も実際、この〝含み益が出ている株をさらに上昇したところで買い増す〟という手法で利益を積み上げています。

たとえば「Ｈａｍｅｅ（３１３４）」の購入履歴を見ると、含み益が発生していることを安心材料として、定期的にポジションを積み上げて（買い増し）います。当初１００株で手付買いしたあと徐々に買い増ししていき、現在では３３００株（うち５００株はＮＩＳＡ）で平均コストは１０２８円。徐々にポジションが積み上がり、利益も２１５００００円（２０２１年６月中旬現在）と膨らんでいます。

振り返ってみれば、これは最初に１００株購入したのがきっかけです。当初購入する際にはＨａｍｅｅという企業を調べて十分に魅力的だと判断してはいても、やはりいざ買うとなると「もし下がって損したらどうしよう……」と、例の〝買うべきか買わざるべきか〟ハムレット的な迷いに取り憑かれました。それを断ち切って……いえ、迷いながらも〝えいや！〟と買ったことが好結果に

■「Hamee」のチャート

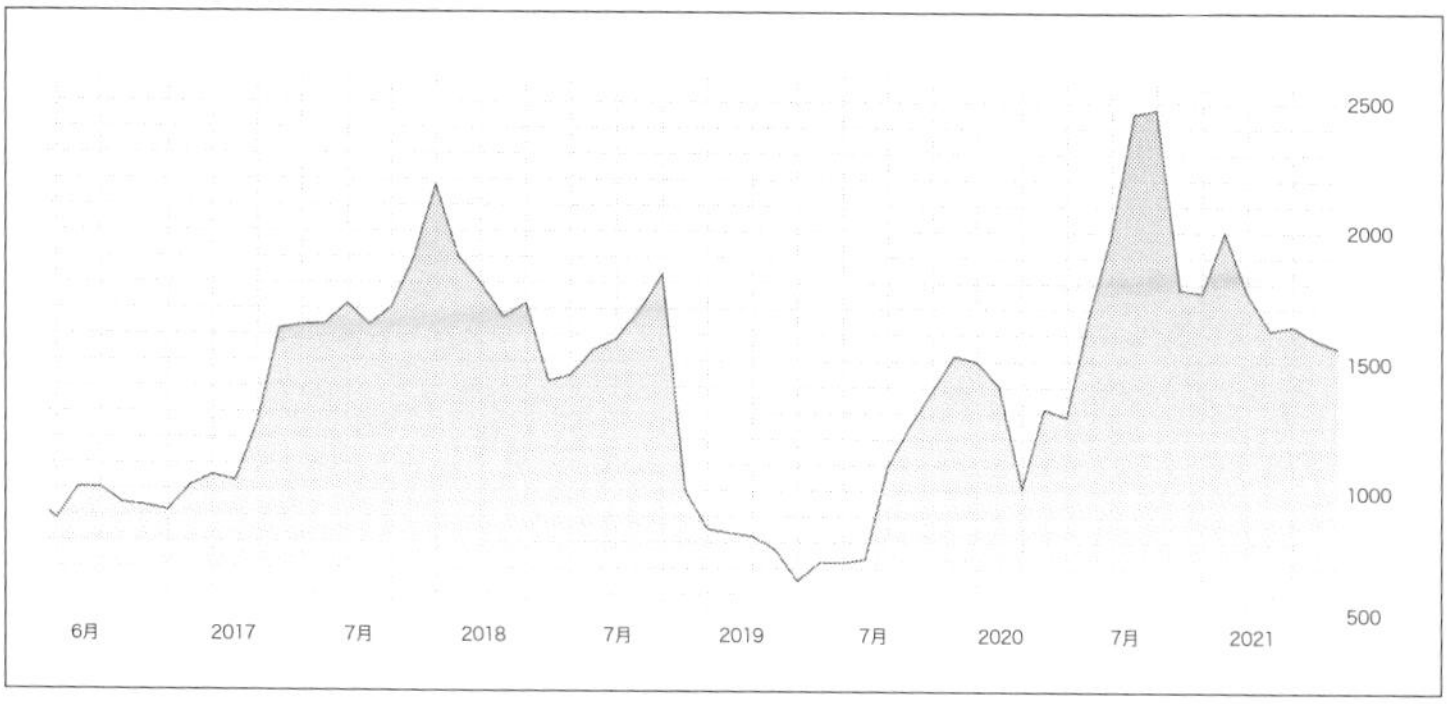

長期的に見ると右肩上がりだが、成長株の特徴でその途中には上げ下げがかなり激しいことが分かる。最初から全額で購入してしまうと上下動にメンタルが耐えられずに持ち切れないことが多い。徐々に買い増していくことで長期保有が可能となる。

■ 筆者の「Hamee」購入履歴

買付日		数量	参考単価
2016	2/12	100	268,7
	2/25	300	268,7
	3/17	200	261
	10/27	400	266,1
	10/27	200	266,1
	11/9	100	707
2018	7/5	100	1,291
	8/10	100	1,461
	12/14	100	1,418
	12/17	100	1,280
	12/19	100	1,158
	12/21	100	1,080
2019	1/10	100	930
	1/30	100	838
	8/2	100	696
	8/16	100	706
	12/5	100	1,284
2020	1/16	100	1,555
	2/27	100	1,528
	2/28	100	1,401
	9/15	100	2,185

買い付け期間は2016年２月から2020年９月までの４年７か月間。十分に余裕を持った期間で分割購入していることが分かる。購入金額は261～2185円の値幅があり、買いコストは「1107円」(NISA分を除く)とおおむね買い付け期間の平均値となっている。

つながりました。

何事もスタートしないと始まりません。株式投資も同じです。いくら企業分析してみたところで、実際にその企業の株を買わないと利益は一銭も出ません。確かに、買わないでいれば金額的な損をすることは絶対にありませんが、しかしそれでは勝ちも負けもなし。いつまで経ってもプラスマイナスゼロで儲けなしです。

株式投資は、実際に株式を購入するというスタートを切ってこそ、初めて勝てる投資家になれるのです。

余力を残しておけばメンタルで優位を保てる

そうは言っても、やっぱり怖いという方もいるでしょう。「万が一損したらどうしよう……」という思いが頭をよぎって行動に移せない。

「もう少し待っていれば、さらに安く買えるタイミングがあるんじゃないか」

そう考えがちです。しかし株で儲けるには、いずれはリスクを取る心づもりで買わなければ利益は出ませんし、そもそも株式投資において完全な底値で買うなどということは不可能です。

株式の格言に「頭と尻尾はくれてやれ」というものがあるように、株価の天井で売ったり、底値で買ったりするような神業はできません。

狙い銘柄を絞ったら、ある程度のところで値段設定して、まずは少しだけ買ってみる。手に入る情報をもとに企業内容を調べて魅力的なら、思い切って〝えいや！〟で買うしかありません。もちろんいきなり全額突っ込むのではなく、安全策として現金（投資余力）を備えておくことを忘れずに。

思惑通りに株価が上昇していけば、先ほどのＨａｍｅｅのように、その過程で追加購入してポジションを積み上げていく手法もできます。あるいは見込みとは裏腹に株価がもし下げても、余力があれば追加購入してナンピン（平均コストダウン）もできます。何よりも余力があることで心理的な余裕ができて、株価に追い込まれることなくメンタルを優位に保てます。そうなれば何があっても余裕を持って対処できるので冷静な投資家脳でいることができるのです。

「ポジションを持っていなければ常に冷静でいることができる。安いところだけ狙いすまして買えばいい」という方もいらっしゃるでしょう。

しかし面白いもので、実際に購入していない銘柄を〝お気に入り〟に登録していても、それぐらいのことでは脳が〝重要である〟と認識しないため、その銘柄のことをあまり意識しません。しかし100株でも購入した場合、現実的に〝利益〟が絡んでくるので、その銘柄に目がいくようになります。その銘柄の株価を見る機会も増えるし、無意識に「その企業に関する情報を得たい」という気持ちになるのです。

そうした行動が長期的に見ると、あなただけの情報、経験となって蓄積します。チャートの値動きなども頭に入ってくるようになるでしょう。それらの行動や経験が、ひとつの銘柄を安心して取

買わなければ儲からない…まずは100株だけ買ってみる!

◆買うタイミングが分からない時は、最後は〝えいや!〟で100株だけでも買ってみる

◆まずは100株だけ購入し、徐々に買い増ししてポジションを積み上げる

⇐ **目標の購入数まで到達**

【結論】 いきなり全額突っ込まない
余力（資金）を残しておくことでメンタルを優位に保てる

引できる材料となっていくのです。いかに銘柄を研究しても、実際にその銘柄を買っていないと真剣に見る気がしない。脳の仕組みを考えれば、実際に買って投資したほうがいい理由が見えてきます。

狙った銘柄を〝買おうか買うまいか〟迷った場合には、100株でも買っておくこと。これはある程度の投資経験を積んだ方でも同じです。たとえ上級者で、どんなに自信がある銘柄でも、いきなり一つの銘柄を主力にすることは少なく、自信を深めるにつれて買い増ししてポジションを大きくしていくものです。

頭でシミュレーションしているだけでは分からない、〝実際に買っている間に分かる感覚〟というものがあります。いい銘柄であれば、最後は〝えいや!〟で買ってみる。それが勝てる投資家への第一歩です。

〝有利な展開〟になるまで買うのは待て

〝株式を買う〟――この時脳内には快感物質が出ています。

それは自分の好きなものを買う時と同じような、ひと言で言えば〝楽しい〟〝夢見るような〟精神状態になっているのです。

株式を買った瞬間、頭の中では自分が購入した銘柄の値上がりが始まり、すぐに株価が2倍、3倍に伸びていくイメージが広がっているのです。

こう聞くと「そんなわけないでしょ。買った株がそんなに都合よく上がっていくわけないよ」と思うかもしれませんが、それは今あなたが株を買おうとしていない、冷静な第三者目線で見ているからです。

人間は欲に弱いものです。私もそうですが、目の前にいかにも儲かりそうな話があると、とたんに理性が引っ込み警戒心が解けて本能的に飛びついてしまうものです。人の話を聞いているときは冷静でいられるのに、それがこと自分の投資話となるとまったく脳内が転換して冷静になれないものです。

それでも株式投資の経験を積んでいくと、次第に自分が思った通りに株価が動いてくれないことが当たり前だと理解できるようになります。株価の動きを変えることはできないのですから、あとは自分の思考や行動を〝勝てる投資家脳〟に変えていくしかありません。

もちろん、大前提としては銘柄選定の時に成長性を確信し、中長期的には株価が上昇していくという思惑のもとに売買しているのですが、そうした自分の思惑（判断）が外れたときのことも事前に想定しながら売買するようにしないといけないのです。

どんなに調査・分析しようと、「予想や見通しが外れるのは当たり前」と思って売買することが株式投資で儲けるには必要です。

〝不利なポジション〟を取らないように買い付けする

そのために重要になるのが〝買うタイミング〟です。まず気をつけたいのが、買った途端に大きな含み損を抱えてしまうような〝不利なポジション〟を取らないようにすることです。

〝不利なポジション〟とはつまり高い値段で買う〝高値掴み〟のことです。あるいはポジションを動かすことができない（買い付けコストを下げることができない）ほど、一度に多くの株数を買い付けてしまうことです。

高値掴みをしてしまうと、株価が一時的な調整をした時や全体の暴落に巻き込まれて大きく下げた時に含み損を抱えたままで、しばらく株価の下落局面を耐えなければいけなくなります。

勝てる投資家脳に切り替わって投資家としてのメンタルができ上がっていれば、銘柄の成長性を信頼してじっと我慢して持ち続けることもできるでしょう。もともと将来性の低い銘柄ならともかく、買う以前の銘柄選定の際に情報をもとに値上がりするという〝裏付け〟をしっかり得たうえで買った銘柄なのですから信じて値上がりを待つこともできるはずです。

とはいえ、いくら信頼できる銘柄であっても、いざ下落局面から株価が復活し、自分の買値付近まで戻ってくると、上がってきたところでどうしても〝やれやれ〟と自分の買値とトントンぐらいで売却してしまうケースが多いのです。〝やれやれ〟でほっとして売ってしまう。これもまた人間の心理です。これでは儲かるものも儲かりません。

売らないにしても、一度に決め打ちして資金全額で大量買い付けしてしまうと、下落局面で追加買いして〝買い付けコストを落としながら株数を増やす〟手法が取れません。当然ですが、買いコストが低くて株数が多いほうが値上がりしたときの儲けは大きくなります。株価が下がった場面は株数を増やすチャンスなのです。

もちろん一括買いして、そのまま下げずに上昇していく場合もありますが、先ほど述べたように株価はなかなか自分の思い通りには動いてくれません。儲かるチャンスをみすみす逃さないためにも一括買いはせずに、余力資金を手元に常に残しておくべきなのです。

「買おうと思えばいつでも買える」と思って相場に向かっている人と、追加資金がなく「頼むから上がってくれ」と祈るような思いで相場に向かっている人では、同じ局面でもメンタルがまったく違います。

株式投資ではよく「相場で祈るようになったらおしまい」と言われますが、相場の歴史を振り返ってみると確かに、株式相場は残酷にも祈った人が我慢しきれずに投げ出してから反転するものなのです。相場の神様は少しドライです。深い祈りは株式投資では通じません。

急騰場面の〝祭り〟に手を出すと大損のもと

〝不利なポジション〟を取らないようにするには、具体的にはどのように買えばいいのか?

投資経験の浅い初級者（初心者）は、株価が上昇している時（特に急騰時）に、最初のポジションを取る（買い付けをする）のを我慢しましょう。

経験豊富な上級者であれば、株価の急騰場面で買い付けるのもいいでしょう。しかし急騰時に高値を取っていく局面で戦うには、機敏にポジションを変更する（売買する）投資技術がないと上手くいきません。技術もないのに〝もっと上がりそう〟な雰囲気だけで手を出すと、機関投資家や専業の個人トレーダーにカモにされて終わりです。百戦錬磨の海千山千のプロたちが戦っている戦場に我々二流投資家が足を踏み入れる必要などまったくないのです。

急騰局面というのは、多くの投資家が目をつけてプロの資金が仕掛けている注目株ということ。それはつまりギューギュー詰めの満員電車に乗り込むようなものです。俗に〝祭り〟などと言われますが、賑わっている祭り会場では何が起こるか分かりません。危険と隣り合わせだということをしっかり頭に入れておいてください。たいていは、勇んで乗り込んでも返り討ちに合って追い出されて終わりです。

二流投資家の我々が買うのは、株価の変動が少ない横ばい局面がいいでしょう。あるいは緩やかな上昇局面、または下落局面を狙って買う。急騰場面では市場の注目も集まり「もっと上がる」などという情報も飛び交いがちなので、つい飛びつき買いしたい衝動に駆られますが、そこはじっと我慢。株価の動きが落ち着くのを待ってから買う。

もちろん、買うのは当初調べた企業情報に変更がないことを確認してからです。何らかの悪い情報が出て株価の上昇が止まって横ばいから下落に転じることもあります。そうした〝悪材料〟が発生していないか、しっかり確認してから買うタイミングを計りましょう。

上下動を繰り返す株価の習性に慣れる

たとえば、「エニグモ」（3665）の例を見てみましょう。

私も同社株を保有していますが、この会社はソーシャルショッピングサイト「BUYMA」を運営しているベンチャー企業です。

私が購入したのは2016年でした。当時私は海外通販にハマっていて、海外から商品をよく取り寄せていました。そうした中で通販サイトをいろいろと調べているうちに見つけたのがBUYMAを運営するエニグモ。どんな企業なのか興味を持って調べてみると、通販サイトBUYMAを基盤とするビジネスモデルがしっかりとでき上がっていたことに加えて、毎四半期ごとに数字を着実に積み上げていることが分かりました。営業利益率も40%を超える水準でIT系企業の中でも高い。会員数も着実に伸びており、会員数の伸びに応じて売上も増えるシンプルなビジネスモデルなので当面は成長が期待できると判断して購入しました。私が注目して購入を始めた2016年当時は、時価総額も200億円程度で、今よりもずっと規模の小さい、まさに〝これから成長する〟というステージの会社でした。

それから5年、現在のエニグモは当時と比べて、利益水準、BUYMAのブランド力、スタッフの陣容・レベル、企業理念の浸透具合など、5年前とはまったく違う会社に成長しています。会員数も800万人以上となり、日本最大級の通販サイトに成長。株価も順調に上昇し、時価総額は600億円を超える規模の会社となっています。しかし、業績は安定しているとはいえ、株価の変動は比較的大きい傾向にあります。これは成長株の特徴で、上下動を繰り返しながら、相対的には右肩上がりで上昇を続けていますが、局面ごとには上げたり下げたり結構動いているのです。

良い決算が出た、配当金を増額する、新規ビジネスを開始する……などの良いニュースが出ると株価も反応して出来高を伴って上昇します。こうした良いニュースが出たときの上昇場面ではついつい買いたくなりますが、エニグモに限らず、ニュース効果が薄れると下値で買っていた投資家の

■「エニグモ」のチャート

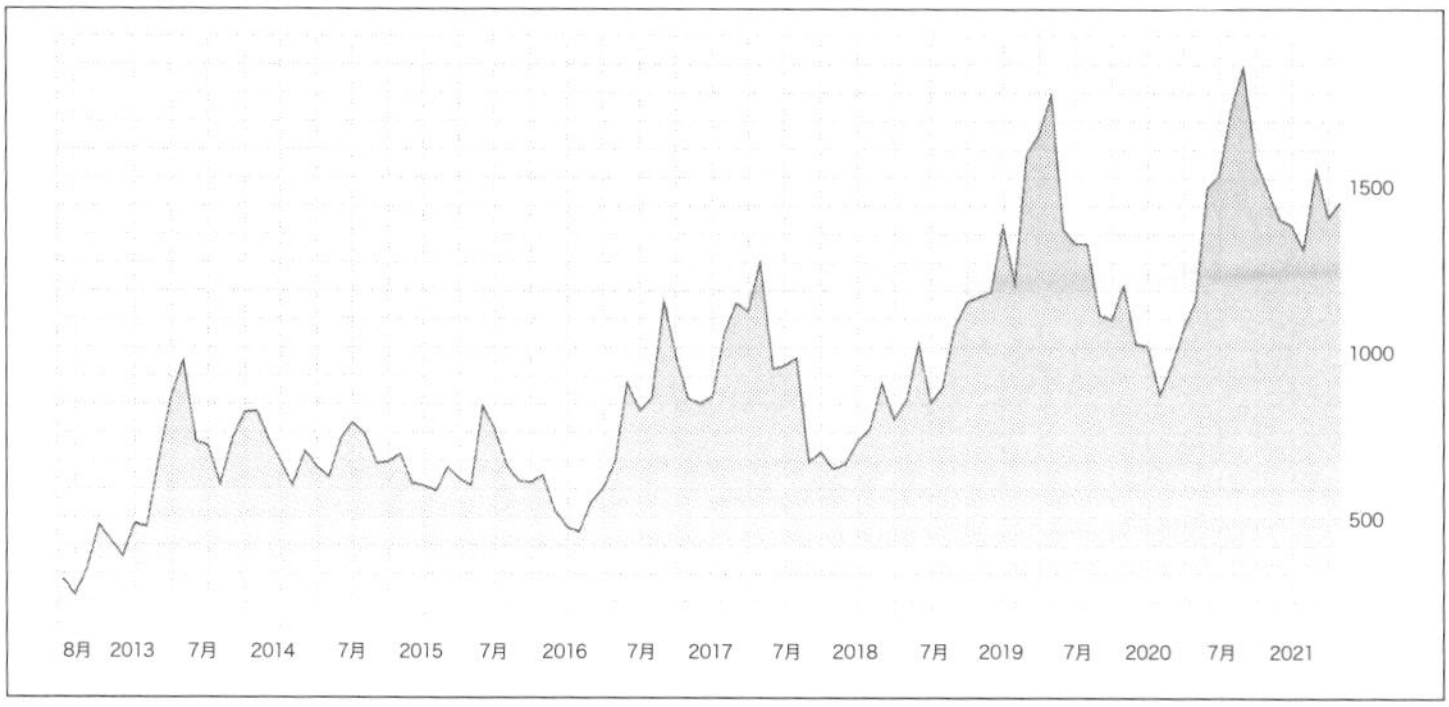

成長株特有の値動きで基本は右肩上がりだが、その時々の上下動は激しい。著者は2016年の600円以下から徐々にポジションを積み増していき、値上がり局面で一部売却して実質“コストゼロ”に。現在の保有株数は800株。このように有利なポジションで買い付けできれば中長期保有で大きな儲けとなる。

利食いによって株価は下げて、ある程度の価格で落ち着くようになります。かれこれ5年以上もエニグモ株を保有しているので、すっかりそうした株価の習性に慣れてきました。

こうした株価の動きの特性（銘柄ごとにもあります）を理解していれば、急騰局面で飛びついて買って値下がりして慌てて損切りという、初級者にありがちな失敗パターンにならずに済みます。急騰局面を避けて、その後しばらく株価が下落してきて出来高も減り、株価の変動も少なくなった場面で購入すれば安心ですし、少なくとも大ケガはしないはずです。そうして買ったら、成長株の将来性を信じて値上がりを待っていればいいのです。

エニグモに関していうと、買値の倍以上になった時点ですでに一部は売却して利益を得ていますので、私が現在保有している株は実質的に〝コストゼロ〟となっています。エニグモ自体も今後まだ当分は成長していくでしょう。ＢＵＹＭＡ事業の海外展開、新規事業展開など、

株を購入する絶好のタイミングとは？

◆**有利なポジションで買う**

株価の落ち着いた局面で買い付ける ⬅ **株価の値下がりは買い増しチャンス（メンタルの余裕）** ⬅

◆**不利なポジションで買う**

高値で一括購入 ⇩ 株価の値下がりはピンチ ⬅ メンタルの余裕ナシ ⇩ 損切りあるいは戻りで売り ⬅ **中長期保有できずに儲からない**

【結論】 たとえ有望銘柄であっても急騰局面は避け、株価の動きが穏やかな局面（横ばい・緩やかな上昇・下落）で買い付ける

今後の成長を長期目線で見守りつつ、株価の推移を見ていこうと思います。

繰り返しになりますが、たとえどんなに有望な銘柄であっても、買うときには一括買いせずに、余力を残しながら買っていくこと。そうすれば、買値から下がったとしても追加購入して株数を増やしつつコストダウンすることが可能です。初心者ほど銘柄選定をした瞬間に購入し、かつ下落したときのことを想定していないポジションを取る傾向があります。

有利な展開になるまで購入するタイミングを待つ――急騰局面を避け、下落局面、横ばい局面、緩やかな上昇局面のいずれかで買い付けすることを実践してください。

"怖い"と思って買った時ほど儲かる

投資経験が浅い初心者ほど、銘柄に関する面白い情報を聞くと、その銘柄のことが気になって居ても立ってもいられなくなり、ついつい衝動買いしてしまうものです。

株式関連の雑誌で紹介された、著名投資家がＳＮＳで注目銘柄を公表した、人気Ｙｏｕｔｕｂｅｒが動画で銘柄公開した……など聞くと、思わずその銘柄に飛びついてしまうものです。

投資経験を積むと、そうしたオイシそうな銘柄でもいったん冷静に判断して、銘柄分析をしたり、購入タイミングを計ったりします。

実際に私はどのようにして株式を購入しているかと言うと、気になる銘柄がある時にはまず会社の情報を調べます。会社の概要、事業内容、業績、時価総額、ＰＥＲ、本社の所在地、社員の平均給与、社歴……といったその会社に関する情報を企業が発信しているＩＲ情報などから調べます。

もちろん業績など成長企業の裏付けとなる数値的なものも大事ですが、私は投資するにあたってその企業の経営者である社長の人となりを知りたいので、社長が今までどのような人生を歩んで、起業という道を選び、幾多の試練を乗り越えてここに至っているのかを調べます。

企業は順風満帆な時ばかりではありません。苦しい時もあります。そうした難局をどうやって切り抜けてきたのか、また将来に向けてどのようなビジネスモデルを考えているのか、社長が考える自社の強みはひと言で言うと何なのか……そういったものを社長の動画や雑誌インタビューなどの記事から読み解きます。特に私の場合、後ほど詳しくご説明しますが〝オーナー社長〟企業に投資するケースが多いため、会社を牽引する社長の個性、ビジネスプランを調べるのは必要不可欠です。

ただ、調べた結果「この企業は伸びる。よし、買おう」となっても、すぐには買いません。投資対象の会社を調べて納得することは、投資メンタルを強化するうえでの確たる〝裏付け〟になりますが、それだけでは勝てる投資家脳にはなれません。

どうやって買っていくか、その買い方が重要になります。

買いを〝待てる〟ようになったら勝てる投資家脳

会社のことを調べて投資しようと決めたら、少しずつ買っていきます。すぐに本腰を入れて本格的に購入することはありません。まずは手付で軽く打診買いをしておいて、少し時間をおいてから本格的に購入し始めます。

たとえば気になっている銘柄に関する良いニュースが流れて市場の注目株になっている時には、その銘柄にスポットライトが当たっており株価が上昇しているときです。株式市場で話題になっている銘柄を購入することは得てして高くつきます。高値で買ってそれ以上の高値で売り抜ける手法が得意としているならば何の問題もありませんが、その場合に売買タイミングを計るのはかなり熟練したテクニックが必要となることを覚悟してください。

そんな高等テクニックを持ちあわせていない、私のようなサラリーマン投資家は、高値追いで失敗したくなければ、なるべくその銘柄の取引が盛り上がっている時期は避けたほうが無難です。株価の落ち着いたタイミングで購入することで失敗の確率は下がります。失敗する可能性が高い方法を避けられるのは、儲かる手法を知っているのと同じか、それ以上に価値があります。

サラリーマン投資家は〝待つ〟ことが大切です。買うタイミングを待つことができれば、儲かる確率はグッと高くなります。

……と、ここまで書いている私でさえ、購入するタイミングを待つというのはいまだに大変です。〝思い立ったらすぐに購入したい〟という本能に逆らって我慢して待たなければならないのですから、無理もありません。

しかしながら、待つことができずに失敗する人が半分以上いるとするならば、タイミングを待つだけで少数派の勝ち組に入ることができるのです。

「株の儲けは我慢料」という言葉をご紹介しましたが、株式投資は〝買うのも待つ〟〝売り時が来るまで待つ〟〝売ったらすぐに乗り換えずに次のタイミングを待つ〟……と、結局すべて〝待つ〟のが儲ける秘訣です。

人が群がっている時には、その中に入らずに待つ。常に多数派とタイミングをずらして売買できるようになれば、勝てる投資家脳になったと言えます。

気持ちよく株を買うと失敗する

私の投資歴を振り返ってみますと、成功した取引もあれば、当然失敗した取引もあります。成功した取引と失敗した取引を比べた時に何が違うのか?

成功した取引は例外なく、買う時に〝恐怖心〟を感じていたということです。

逆に失敗した取引は「すぐに儲かるんじゃないか」「もっと儲かるんじゃないか」とスケベ心で投資した時です。

気持ちよく株を買うと失敗します。スケベ心で買ったときには、儲かることばかり考えて、そもそも投資プランがないので下がった時に対処できません。買値より値下がりして含み損が出ても事前に準備ができていないので対処のしようがないのです。たいていそういう時には「どうしよう……もっと下がったら困る……頼む上がってくれ」と相場の神様に祈るような気持ちで株価動向を見ているだけ。

しょせん、こんな弱いメンタルで勝てるはずがないのです。先ほど書いたように「祈るようになったら負け」です。持ち株が下がっていくのに耐え切れずに損切りして終わり。負けパターンの典型です。かつて私もそうした経験を何度もしました。

そうした失敗経験を積んだおかげで、今では冷静にと言いますか、良い意味で〝ビビッて〟投資するようになりました。

ビビッているだけに全力で買ったりしません。「買ってから下がったらどうしよう」「もっと下がるに違いない」と思いながら株を買います。もちろん一括買いなどせずに、時間をかけて買っていきます。時間をかけて買うのだから、一時的には上がっても下がっても構わないという気持ちがどこかにあります。

これは良い意味で〝100％自信を持って投資していない〟とも言えます。臆病とも慎重とも取れるでしょうが、自信満々に投資するよりビビッて投資するぐらいがちょうどいいのです。買うときにはそれぐらいの弱気でちょうどいい。

誰もが買った株が値下がりするのは怖いものです。そのうえ株が下がっている下落局面で買うのは勇気がいる。そこで恐怖心とつき合いながら投資できるかどうか。この心理を投資する際の目安にしています。

大事なのが〝気持ち悪いところ〟で投資できているか。

「もっと下がったらどうしよう？　こんな悪いニュースが出ているところで投資するなんて怖い」という違和感を覚えているか。

自分が感じている恐怖心は、おそらく他の投資家も共通して感じているはずです。だとするならば、その分だけ株価も安くなっている。少なくとも恐怖心が和らぐ頃には、不安心理で下がっている分だけは株価も元に戻すだろうという考え方です。

これは言わば、投資家のメンタルを逆手に取った手法とも言えます。

すなわち恐怖心を感じていれば、それは正しいタイミングで株を買っているということ。

逆説的ですが、儲けようと思うと損をしてしまうのです。

〝恐怖心〟を感じていれば正しい取引

株式投資で儲けが出やすい取引とはどういう取引でしょうか？

それは「売りたくないけれど資金繰りの都合で泣く泣く売らなければならない人から買う」取引です。いわゆる〝足元を見る〟という状況での取引です。

最も分かりやすい例では〝信用取引の追証〟がこれに該当します。信用取引では通常の場合、株式を証拠金代わりにして（代用有価証券）取引します（口座に現金があればこれも担保の計算に入ります）。保有株式は8掛け（時価の80％で評価）で証券会社に担保として評価されて取引することになります。このような取引では株価が急激に下落すると、信用取引で買っている株式の評価損が膨らむうえに、担保としている手持ちの株式の評価も下落することにより、証拠金維持率を確保するための〝追証（追加担保）〟が発生しやすくなります。

通常、信用取引をしているような投資経験者は相場変動に備えて余力を持って投資しているものですが、コロナショックのような全銘柄が一斉に売り込まれるような暴落となると、予想以上のあまりに急激な下落となるので対応できず、信用取引している投資家の多くに追証が発生する事態となりました。追証を入れてなんとか耐えた投資家もいましたが、耐え切れずに泣く泣く保有銘柄を手放さざるを得ない状況に陥った投資家も数多くいたのです。

そうした投資家にとっては地獄絵図のような悲惨な相場でしたが、逆の立場で見れば、これほど儲かる場面はないということになります。

先ほどご説明したように〝売りたくないけれど泣く泣く売らなければならない人から買う〟取引が一番儲かります。コロナショックのような暴落時は、まさに〝足元を見る〟取引です。売りたい（売らざるを得ない）人が殺到している中で、買いたい人はごくわずか。需要と供給の関係で言えば、供給が圧倒的に上回っているので、買うほうは足元を見るどころか足元を突き抜けた安値で買うことができます。欲しかった商品（銘柄）がとんでもなく安い値段で手に入るわけです。狙っていた商品（銘柄）が大バーゲンセールで超お買い得価格で手に入るのですから、本来ならば喜んで我先にと買いにいかないといけません。

しかしながら、いざ安くなってみるとなかなか手が出ません。「もっと落ちるんじゃないか……」と、さらなる下落を恐れて買いを手控えてしまうものです。暴落時は投げ売り状態で、まるでこの世の終わりのような悲惨な状況ですから、怖いのは無理もありません。たいていの投資家は恐怖心から買うことができません。

そうしてためらっているうちに、相場は底を打って急上昇開始。「どうしよう……でもまた落ちるかもしれない」とまだ恐怖心を拭い去ることができずに手が出せず、結局狙っていた銘柄が暴落前の水準まで戻って悔しい思いをする。「ああ、あそこで買っておけばよかった……」と後悔しても始まりません。これはメンタルの弱い投資家にありがちな失敗です。

誰もが〝怖い〟と思う場面で買うからこそ儲かるのです。商品（銘柄）の価値以上に叩き売られたところを仕入れておけば、良い商品（業績が良い成長銘柄）であれば値上がりします。怖い局面では〝売りたくない人〟が売らされているのです。それは一日で終わるものではなく、しばらく継続しますから、含み損が増える苦しい時期をしばらく耐えなければなりません。そこで買える強いメンタルでいられるかどうか。

コロナショックのような大暴落は数年に一度あるかないかの極端な例にしても（とはいえ必ず来るのは歴史が証明しています）、年間を通してみると、株式相場は1年に何度か〝調整〟という名の下落局面が必ず来ます。

むしろ株式相場は順調な上げ基調の局面のほうが短く、1年のうちの大半の期間はダラダラと動き、上げたり下げたりを繰り返しながら調整という下落局面を挟んで再度上昇するといったリズムであることが多いのです。

相場全体が上げ基調の好調な局面では誰もが買いたくなります。そこで買うのは誰でもできる。楽観的な気分で脳内には快感物質が溢れて気持ちよく買えるでしょう。

おそるおそる買ったほうが儲かる

◆気持ちよく株を買う

みんなが買っている上昇局面

▽儲かることだけ考えて売買プランなし

失敗

◆〝怖い〟と思いながら株を買う

みんなが買わない下落（あるいは横ばい）局面

▽値下がりも想定して売買プランを構築

儲かる確率高い

【結論】

買うタイミングを待つ（多数派とタイミングをずらして売買）ことができるようになれば、〝勝てる投資家脳〟にチェンジできる

逆に、ダラダラとした凪の局面で買うのは、あまり気持ちのよいものではありません。さらに下落局面であれば恐怖心が頭をよぎります。そうした〝あまり気持ちよくない場面〟〝怖い場面〟で買えるかどうか、そこが儲かる投資家になれるかどうかの分かれ目です。買うタイミングをじっくり待てるようになれば、勝てる投資家脳に転換している証拠です。

先ほど私の経験からお話ししたように「恐怖心を感じていれば正しい取引」なのです。

「なんでこんな時に買うのだろう……」と思っている時に少しずつ買うのです。買うときは〝怖い〟と感じているかどうか。あるいは〝あまり気持ちいい〟とは思えない場面かどうか。

逆に気持ちよく投資していたら、多くのケースではいいところで売買していません。気持ち悪さを感じていれば、それが正解です。それを一つの目安として取引してください。

投資資金は株式投資という〝ゲームの通貨〟だと思え

株式投資では、どのような投資スタイルであっても「すべての銘柄で勝とう」としてはいけません。「いけません」というより、「できません」のほうが正しいでしょう。

どんなに凄腕のプロの投資家が銘柄を分析して選定し、かつチャート分析もして、絶対の自信を持って仕込んだ銘柄でも、見込み通りにはいかずに上がらない（下がる）ケースは避けられません。特に短期的な動きは予測できません。常に状況が動いている株の世界に〝絶対〟はないのですからこれは仕方のないことだと肝に銘じておくべきです。

私も実践し本書でご紹介している成長株投資においてもそれは当てはまります。基本的な原理に従って動くのであれば、株価は将来の収益性と連動して値上がりするはずですが、様々な要因が複雑に絡んで値動きしている株式相場では、当初の予測とは違う動きになることもあるからです。

そういう意味では、当たりもあれば外れもある。それが株式投資です。特に、まだ成長途上の〝若い企業〟を狙う成長株投資は、一部の銘柄に大化けしてもらって、ダメな銘柄は仕方ないというスタンスで臨むことです。

ひと言で言えば「トータルで勝つ」。

神様ではないのですから、どの株が成長するかなんて誰にも分かりません。分かっているなら分散投資などせずに、一番成長しそうな銘柄に全力集中投資すればいいのです。しかし、それは無理な話です。株式投資で勝てる投資家脳になるためには、トータルで勝てる勝負をするということです。

成功もあれば、失敗もある。ただし、投資する時には勝てそうな勝負をする。成長の見込みもないのに「下がったから上がるだろう」などという程度の希望的観測で投資するのは、勝ち目のある勝負をしていないことになります。様々な条件をもとに、「勝てそうだ」と思った銘柄とタイミングで、思い切って〝えいや！〟と投資するのです。

株式市場への資金の補給線を確保せよ

ここで私がお勧めしている成長株投資の前提となっているのは、サラリーマン投資家（株式投資以外に本業がある兼業投資家）の強みである〝定期的にお金を投資に回すことができ、かつ投資資金をすぐに引き出す必要がない〟という前提です。

成長株投資は基本的には年単位で時間がかかる投資法ですし、上げ下げも大型株より激しくなりますから、株式市場という戦場への補給線を定期的に確保できていないと、兵力が疲弊して数年に渡る戦いに勝つことはできません。

投資を続けていれば、配当金、優待、貸し株金利などのお金が入ってくることで、資産が徐々に増えていきます。そうして増えた資金も再投資に回すことで戦力が増強されます。少し儲かったからといって利益を引き出して投資以外に使ってしまうようでは、勝てる勝負も勝てません。

株式投資は〝掛け算〟の世界です。すなわち、いくら証券口座にお金を入金できるかどうか。これが将来的な掛け算のもとになる数字で非常に重要になります。

例を挙げれば、1万円を100倍にすると100万円です。その100万円を2倍にしたら200万円になります。こうして元手を増やしていくことで株式投資の儲けは大きくなります。

当然ですが投資資金が多ければ多いほど、つまり保有株数が多いほど、値上がりしたときの利益は大きくなります。逆に値下がりしたときはマイナスも大きくなりますが、そうしたリスクを軽減するための分散投資であり、長期投資なのです。

銘柄を分散するにも、購入タイミングを分散するにも、投資資金は必要です。手元に軍資金がなければ、どんなに優れた戦法を取ろうと勝つのは難しくなります。また、勝てたとしても、大きく勝つのは難しいと言わざるを得ません。

最終的に投資家が求めている（目標にしている）のは、まとまった大きな金額であるはずです。最初から小銭稼ぎをしようと思って株式投資を始める人は少ないと思います。少なくとも私も実践している〝成長株をじっくり持って利益を伸ばしていく〟成長株投資法は、小幅の値幅取りで得る小銭稼ぎを目的にはしていません。そのためには、まずどれだけのお金を継続して投入していけるかということを意識してください。

ここで少しご説明しておけば、具体的に〝現金（手持ち資金）〟というのは、フローとストックで考えておけばいいでしょう。

〝フロー〟というのは毎月の貯金（天引き）です。私のようなサラリーマンであれば目安としては、毎月の収入の1割程度の資金を投資に回すように心がけるのです。1割というのはあくまでも目安ですので自分の都合に合わせた額でいいでしょう。

〝ストック〟というのは、すでに証券口座に入っている資産のうち2割ぐらいを現金の形で保有しておくということ。

大切なことは〝毎月投資にお金を回す〟ということです。すでにご説明したように、投資というのは〝掛け算〟です。投資する金額が増えれば増えるほど、値上がりした時の儲けは大きくなります。そのためには毎月投資用の資金を増やしていくことです。

このフローとストックで投資資金を常に確保しつつ資産形成していく手法は、投資の古典である『バビロンの大富豪』でも紹介されているように、太古の昔から一般人が富を得るために脈々と続けてきた〝資産運用の真理〟です。

株式投資では、どれだけ値上がりする銘柄を探し当てたかということも大切ですが、継続的に（できれば毎月）追加資金を投入できるかも大きなポイントになります。投資とはつまるところ〝福利効果〟を狙うことであり、それには元本を増やすことが大切だからです。

そのためには地道な努力が必要です。投資に回す資金を作る（積み立てる）努力も必要。儲かった銘柄が出ても、その利益を使わずに再投資に回す努力も必要。そうした地道な努力や我慢の成果が株式投資での成功につながります。

投資は決して楽して儲かる世界ではないのです。結果だけ見るとオイシイ話に見える2倍株・3倍株も、激しい価格変動に耐えてそこまで手放さずに我慢して保有してきたご褒美です。リターンを得るためには、それ相応のリスクも取らないといけないのです。

〝コストゼロ感覚〟で投資する

株式投資に恐怖心はつきものです。買った株が値上がりして儲かることを前提に株を購入してはいるものの、意識の奥では常に「値下がりして損したらどうしよう……」という弱気なメンタルが潜んでいます。そもそも上昇局面を避けて、株価があまり動いていない（あるいは下げている）局面で買うほうがいいと推奨しているわけですから、どこかで恐怖心と戦いながら株を購入することが多くなります。

こうした恐怖に怯えるメンタルを和らげるにはどうしたらいいのか。

それには配当金、継続的な毎月の天引き（給料からの追加投入資金）で投資することです。言うなれば〝積み立て感覚〟で投資していく。

この利点は感覚的に〝コストゼロ〟で投資できることです。そもそもコストゼロなのですから投資する際の恐怖心もかなり薄めることができます。

たとえば配当金と天引きで10万円用意できたとします。そのお金を使って10万円の株を買ったとしたら、気持ち的には〝ただで買った株〟のような感覚になれます。新たに用意した追加資金ではなく、手元にある資金を使っただけなので気分的にはかなり楽なのです。感覚的には〝コストゼロ〟で投資しているうえに、天引きであれば来月以降のお金を貯めて、また〝コストゼロ感覚〟で投資し続けるのですから、メンタル的な安定感がまったく違います。

こう言うと、「実際には10万円は一度自分の手元に入ってきたものを再投資に回しているのだから、現実的にみれば（経済的に言えば）どちらも同じことではないか」と反論する人もいるかもしれません。しかし、これは実際に一度体感してみれば分かります。精神的に本当に楽なのです。株式投資目的で天引きして（あるいは配当金）別の使い道を考えていないお金なので、実際にはコストゼロではないにしろ、そもそもが自分の資産として当てにしていないお金という性質上、さほど神経質にならずに投資できるのです。

株式投資において平穏なメンタルでいることは非常に重要なポイントです。ブレない、落ち着いたメンタルで判断できれば、株式投資の成功に一歩も二歩も近づいたことになります。

株式投資に投じているお金は〝ゲームの通貨〟と考えたほうがうまくいきます。あまりお金に感情を持ち込んでしまうとうまくいきません。相場で大きく儲けている人は、投資資金を株式投資という〝ゲームの通貨〟として捉えている人が多いのです。

継続して投資していくことが不可欠

◆**定期的に株式投資に金を回す**（資金の確保）

⬇

配当金や天引きで〝積み立て〟継続投資（元本の増強）

⬇

〝コストゼロ〟感覚で投資できる（メンタル的安定感）

◆**株式投資で大きく儲けるには〝福利効果〟を狙う**
そのためには元本（資金）を増やすことが重要

【結論】 株式投資資金は〝ゲームの通貨〟と考えることで大きな儲けにつながる

第3章

メンタル投資術
実践編

大きく儲けるには〝小型成長株〟を狙え！

株式投資で勝つか負けるか、運命を分けるのは銘柄選びです。

手持ちの投資資金によっても銘柄選びは変わってきますが、株式投資初心者、あるいはさほど投資資金の額が大きくないサラリーマン投資家の場合、大きな利益を求めたいなら狙いは〝小型成長株〟です。

株にはザックリ大きく分けて〝大型株〟と〝小型株〟があります。

〝大型株〟は分かりやすく言えば、東証1部に上場している誰でも知っている有名な会社です。トヨタ自動車（7203）、ファーストリテイリング（9983）、NTT（9432）、三菱商事（8058）……といった大手の有名企業です。

そう聞くと、なんとなく大手有名企業の株のほうが買っても安心な気がする方もいるでしょう。確かに安心かもしれませんが、「大きく儲けたい」となると話が変わってきます。

〝大型株〟つまり大企業になればなるほど出回っている発行株式数が多いうえに、機関投資家という、いわゆる〝プロ〟がガッチリ保有しているので、値動きがあまり大きくありません。加えて、そもそも会社が成熟しているので大きな値上がりも期待できないケースが多いものです。

株価が倍になるということは時価総額（株価から導かれる企業価値）も2倍になるということです。すでに5000億、1兆円という水準まで大きくなっている企業の時価総額をさらに上げるためには、それに見合った分だけの利益が増えなければ株価も上昇しません。時価総額が200億、300億の企業とは違い、巨大企業が株価を押し上げるのは大変なのです。

ですから、大型株は大量に買える資金を持っているプロの大口投資家や機関投資家は別ですが、サラリーマン投資家のような少ない資金で儲けたい兼業投資家にはあまり向かない銘柄です。たとえ値上がりしたとしても、資金が少なくて買える株数が少なければ儲けは当然少なくなります。

一方、小型株は大型株と比べて発行株式数が少ないうえに、機関投資家が大型株ほど保有していないので、株価が安定しておらず値動きが大きくなります。市場に出回っている株が少ない分、その会社にとって何か良い材料が出たりすると大きく値上がりします。つまり買える株数が少なくても（少ない資金でも）儲けが大きいわけです。

逆に言えば、悪い材料が出れば値下がりも大きくなる傾向にあります。

良くも悪くも〝小型〟である分、価格変動の幅は大きくなるので要注意です。ここで気をつけなければいけないのは、小型株なら何でもいいというわけではないこと。あくまでも狙いは、小型の〝成長株〟。つまり〝これから伸びる会社〟を狙って買うということです。

〝小型成長株〟はこうやって見つける

それでは、どういう銘柄が〝小型成長株〟か、ポイントをいくつか挙げてみましょう。

まず第一に〝小型〟であることの条件として、その会社の時価総額が〝300億円未満〟であること。これは一般的な定義とは別で〝より大きな値上がりを期待できる〟という前提に立ったうえでの〝小型株〟という基準です。

ここで簡単に「時価総額」についてご説明しますと、時価総額とは会社の株価の時価に発行済の株式数を掛けたものです。

たとえば、時価1000円の会社の発行済み株式数が10万株の場合、「1000円×10万株＝1億円」となって〝時価総額1億円〟になります。分かりやすく言えば、それがその会社の市場での評価、つまり〝企業価値〟というわけです。

先ほども触れましたが、時価総額が1000億円以上の企業になると、そこからさらに時価総額つまり株価が大きく上がるのは難しくなります。重いものを持ち上げるには相当な力が必要なのと同じです。

その点、時価総額が小さい小型株は会社自体がまだ成熟していないので、まだまだ成長して時価総額が大きくなる可能性があります。つまり会社が大きくなって株価が上がる余地が十分あるということ。株式投資は企業の時価総額が上昇していく過程、つまり会社が大きくなっていく過程が一番儲かります。

では〝成長株〟はどうやって見つければよいのでしょうか。

ひと言で言えば、毎年〝増収増益を続けている〟つまり毎年儲かっている会社を探せばよいのです。探し方は簡単です。『四季報』などの株式情報誌やネット証券のデータページでも企業の業績が載っているので、それを見て過去3～4年のデータで〝売上高と利益〟が前期に比べて上回っているかどうかを見ればいいだけです。なお、前述した〝時価総額〟も株式情報誌やネット証券のデータページに載っていますので、わざわざ自分で計算せずとも簡単に知ることができます。

株価というのは長期的な視点で見ると、その会社の収益に収斂していくものです。ですから増収増益の会社、つまり成長を続けている会社の株価はその成長に連動して上昇していきます。

とはいえ、成長に比例して常に株価が上昇していくかといえば、そうではありません。短期的には上げたり下げたり、上昇スピードも様々です。ただ、長期的な視点に立てばやはり業績が上がって成長していく企業の株価は上がっていくものです。そして増収増益率が大きいほうが、株価も上昇率が大きくなる傾向にあります。

PERで見て〝割安〟な時に買う

小型成長株を見つけられたら、次はいつ購入するかです。ここで気をつけていただきたいのは、成長性があるからといって、その銘柄が著しく買われすぎていないかという点です。

成長株は、誰が聞いても成長することが期待できるような魅力的なストーリーを引っ提げて株式市場に上場していますから、投資家の注目も集まっているはずです。特に目端の利く個人投資家であれば、それなりに目を付けている人は多いのです。ですからこうした銘柄に投資する際には、ある程度高値であることは許容しながら投資する必要があります。

とはいえ、できるだけ割安なタイミングで購入したいものです。そこで、成長株を購入する際の株価水準を判断するため、〝PER〟を利用します。

PERとは「株価収益率」のことで、株価がその会社の1株利益の何倍買われているか（株価÷1株あたりの純利益）を表していて、その会社の利益と株価の関係を示す指標です。

PERは万能の指標ではありませんが、少なくともその水準によって、どれだけ市場で人気があるかの判断材料にはなります。また、過去との比較でPERの基準が切り上がっていれば、それは人気が出てきた証拠、そして高値水準であることを示唆しています。

なお、PERから割高割安を見る場合には、他の銘柄と比較してもあまり意味はありません。た

「PER」を確認して買い時を知ろう

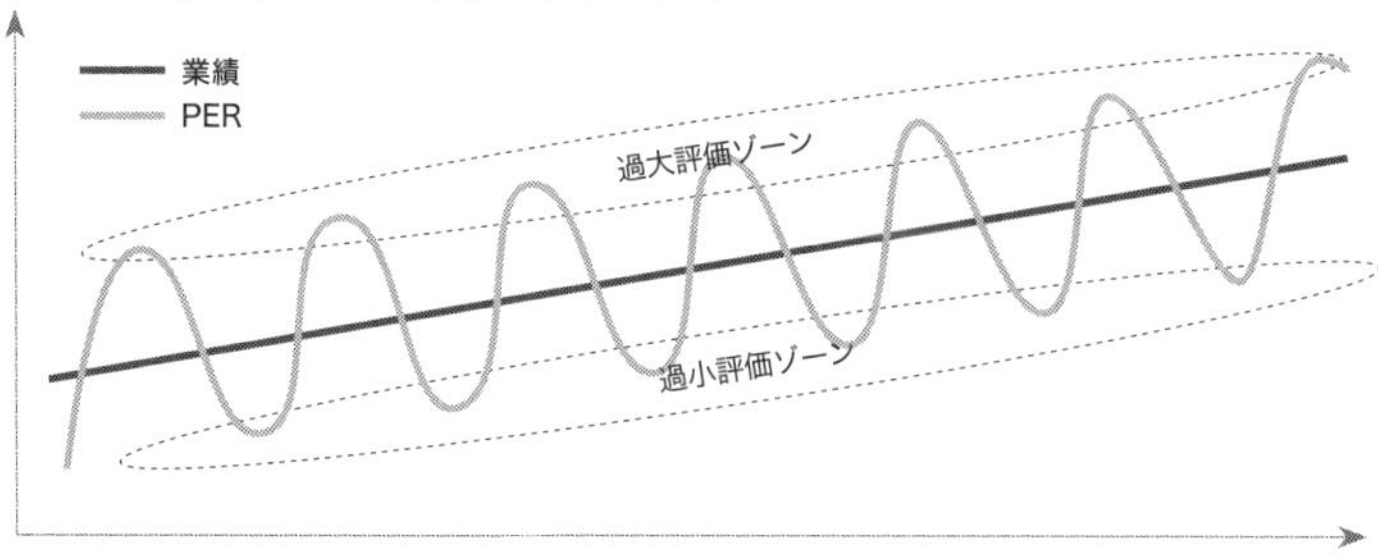

銘柄にはそれぞれ“適温”のPERがある。業種や銘柄によって“適温”は異なるので他の銘柄と比較してもあまり意味はない。各銘柄とも、だいたい“2倍”ぐらいのPER幅の間で株価は推移する。たとえばPER“40～80倍”の間で株価が推移する銘柄の場合には“40倍”に近づいた場面（過少評価）で買うと割安に買えてリスクが少ない。

とえば商社や銀行といった成熟産業のPERは1桁台であり、売上や利益の2桁成長が続く成長株と比較しても意味がないのです。あくまでその銘柄自体の過去との比較で、あまりにも割高な水準だとすれば、適切な水準に落ち着くのを待って購入したほうがよいでしょう。

たとえばHamee（3134）の例でいうと、過去4年間の平均PERは〝28倍〟です。このPERを基準として、この数字をかなり上回っていれば（たとえば40倍など）株価は〝割高水準〟、下回っていれば（たとえば20倍など）〝割安水準〟と判断できます。

つまり、購入しようと考えている銘柄のPERの推移を調べて（※ネット証券のデータページなどを参照）、それが〝40倍～80倍〟で推移しているとした場合、80倍に接近するような局面では〝割高〟と判断して買いを控えることがミスを避けるコツと言えます。逆に40倍に近づいているならば〝割安〟と判断して買ってみてよいでしょう。

社長はどういう人物なのかを知っておく

狙いをつけた小型成長株を見つけたら、次はその会社の事業内容もちゃんとチェックしてください。増収増益とかPERとか数字だけ見て買ってはいけません。その会社が何をしている会社なのかも知らないで買うのはさすがに無謀というものです。

その企業のサイトを見れば〝投資家向けの事業説明〟が載っていますから、それを見れば分かります。それで会社の事業内容に納得できたら、狙い株候補です。

企業サイトをチェックする際にぜひ見ていただきたいのが、その会社の社長がどういう人なのかということです。

まずチェックして欲しいのが〝オーナー社長〟かどうか。

オーナー社長は、その企業を立ち上げて大きくして上場までこぎつけた牽引者です。社長の意向がその会社の方向を決定し、会社の成長に大きく影響すると言っても過言ではありません。オーナー企業ならではの積極的で大胆な意思決定がスピーディーに可能です。それが小型成長株にとっての〝成長エンジン〟になるケースが多々あります。

逆に言えば〝雇われ社長〟率いる会社は、多数の取締役による合議制などで穏当な結果が出ることが多いため、成長スピードを抑制する原因ともなります。オーナー社長のほうが成長スピードが早い分、株価の上昇も大きくなる可能性が高いと言えます。

さらにオーナー社長は自らもその会社の大株主なので、事業の成否が直接自分の資産に影響します。つまり業績を上げて株価も上がれば自分の資産も増えるわけですから株価に対して敏感です。そのあたりがいわゆる〝雇われ社長〟と違うところで、オーナー社長は自分の会社の株価に対する責任感が違います。自らの手で創業して上場までこぎつけるには、社長の経営力が優れていなければできません。

上場企業の社長ともなればマスコミのインタビューに登場したり、会社や自分でブログをやっていたりしますから、そういった記事をチェックしてみるのもいいでしょう。さらに企業サイトに掲載されている社長の写真付きの挨拶を見たり、社長の動画を見ることもお勧めします。

社長の動画を見ることで、数字からだけでは分からない会社の個性、事業の特徴などを探ることができます。その会社に投資する、つまりその会社の株を買うには数字上の経営状況を知るだけでは不十分です。その会社を経営する社長はどんな人物かを知ることが大事です。

動画だと文字情報だけでは伝わらないことも分かります。とりわけ社長は自社の強み、特徴をアピールすることが上手です。社長自身が説明する、他社にはない〝自社の強み〟を聞いて、その理由に納得できるのであれば〝買い〟の材料になります。

言わばこれは医者の問診や触診と同じです。時価総額やPER、業績といった外側から判断できる数字は、医者で言えば採血・心電図・血糖値・コレステロールといった数値から健康かどうか調べているようなもの。そのうえで実際に患者に問診したり触診したりして病気かどうかの判断をする。その問診や触診に当たるのが社長チェックです。

社長の理念を直接見て聞いて、会社の成長性、将来性をチェック。さらに社長本人がどんな人なのかもチェック。イケイケ派なのか、職人気質なのか、理論派なのか、体育会気質なのか……などなど、動画で社長を見ることで様々な情報を得ることができます。その結果、「自分はこの会社（社長）と合う。信頼できる」と判断すれば買い。「自分とは合わない」と思えば買わない。

これは投資メンタルにおいても重要なポイントです。

企業のトップである社長の人物像が信頼できない、あるいは自分とは合わないとなると、その会社の株を買ったあと値下がりしたときに不安でたまりません。逆に社長を信頼して買っていれば、たとえ株価が下がったとしても「あの社長だから心配いらない」という安心感につながります。

この差は大きな違いです。メンタルひとつでその株を持ち続けられるか、我慢できずに手放すか決まると言ってもいいでしょう。いわば〝勝ち負け（儲かるか損するか）〟の重要なポイントと言えます。

すでにお話したように、小型成長株は値動きが大きいので、株価が大きく上下に動きます。時にはジェットコースターのように上がったり下がったりすることもあります。ですからあまり短期で見ていると株価の動きに怖くなってすぐ手放したくなるので要注意です。

目先の動きに捉われずに1年、2年……あるいはもっと先を見据えた長期投資のスタンスで保有してください。長期的に見れば、その会社が成長すればするだけ株価もいずれ追いついて上がっていくものです。そのためにも社長の人物像、会社の事業内容をしっかり把握しておくことです。

ただし一つ気をつけて欲しいのは、万が一、当初の目論見が外れてその会社の収益が落ちた時、会社の成長が止まった時には、株価も落ちる可能性が高いので、その時は我慢しないで売ったほうがいいのです。

いくら将来有望な銘柄でも、どうせ買うなら安いところです。自分の投資資金に合わせて購入価格を設定して、PERで割高か割安かも判断して買うタイミングを見計らってください。割安な小型成長株をじっくり狙って安値で買って、テンバガーのような大化けを狙ってみてください。

小型成長株を見つけるポイント

❶小型株……時価総額が「300億円未満」

❷成長性……過去3〜4年のデータで「売上高・利益」が前期に比べて増えているか

❸PER（株価収益率）が割安かどうか……狙った銘柄の過去のPERと現在値を比較して割高か割安か判断

❹会社の事業内容を知る……企業サイトでチェック

❺オーナー社長かどうか……小型成長株では社長の経営手腕が重要

❻社長の人物像を知る……マスコミインタビュー記事、企業サイトなどでチェック（動画があればそれも確認）

【結論】できるだけ上記の条件を満たす企業を狙う
（すべて満たさなくてもOK）

株は「期待値」で買え！

どんな株にも〝買うタイミング〟があります。〝買うべきタイミング〟か〝買ってはいけないタイミング〟か、それさえ分かれば株式投資は儲かる可能性が高くなります。同じ銘柄を買っても儲かる人と損する人がいるのは、この〝買うタイミング〟の良し悪しなのです。

たとえば「串カツ田中ホールディングス（3547）」の株を例に挙げてみましょう。皆さんご存知の〝大阪名物串カツ田中〟を運営している会社です。ご存じない方もいるかもしれませんが、「串カツ田中HD」は立派な東証一部上場銘柄です。串カツ田中HDの株価の動きを見てみると、新型コロナの影響が出始めた2020年2月から株価が値下がりして、緊急事態宣言により直営店全店舗の一時休業を発表した同年4月2日の翌日の株価は867円まで値下がりしました。それまで2000円以上だった株価が半値以下まで落ちています。

ところがその後の動きを見ると、そこから徐々に持ち直してきて緊急事態宣言が解除される見込みが出てきた5月に入ると、株価はそれを織り込んで1600円台まで戻しています。底値の800円台から倍近くに戻っていることになりますから、もし800円台で買っていたら倍近く儲かったということになります。

このように、その会社に対する先行きが不安な時は株価が安くなり、先行きの不安感が弱まれば株価は高くなります。とはいえ、最悪な状況で買って、もしもその会社が潰れたら大変です。値下がりしたからといって何でもかんでも買ってはいけません。値下がりしたまま戻らない株や、買った値段よりもっともっと値下がりして損する株もあります。

それではどうすれば〝買っていいのか、買わないほうがいいのか〟を見分けることができるのか、〝買っていいタイミング〟を知るにはどうすればいいのか。

そこで大事なのが「期待値」なのです。

買っていいタイミングが分かる〝期待値〟の求め方

期待値は計算で出すことができます。〝計算〟というとなにやら難しそうですが、誰でもできる簡単な計算です。

たとえば100円を投資する場合の期待値について計算してみましょう。投資した100円が0円になる可能性が仮に20%、200円になる可能性が仮に80%だとした場合の期待値は……、

「0円×20%＋200円×80%＝160円」

つまり期待値は100円の投資金額に対して〝160円〟ですから「1・6（160÷100）」で、100円に対して〝60円のプラス〟ということになります。

逆に0円になる可能性が80％、200円になる可能性が20％なら……、

「0円×80％＋200円×20％＝40円」

この場合の期待値は〝「0・4（40円÷100円）」となって、100円に対して〝60円のマイナス〟になってしまいます。これは投資してもマイナスになる可能性が高いということです。

期待値が〝1〟を超えないものは、投資しても儲かる可能性が低いということです。

逆に期待値が2とか3とか大きければ大きいほど儲かる可能性が高いことになります。

実はこの〝期待値〟の計算方法は、あの〝村上ファンド〟で一世を風靡した村上世彰氏が投資用に考えたもので、本来の統計学上の期待値とは少し違います。村上氏は、

「期待値が1を超えないものには投資する意味がない」

と説いています。投資する際の判断基準として、この期待値は知っておくと役に立ちます。

では、実際にこの期待値を株式投資に当てはめてみましょう。

株の場合は「期待値＝（値下がりしたときの株価×値下がりする確率）＋（値上がりしたときの株価×値上がりする確率）」になります。

こう説明すると何やら難しく感じるでしょうから、具体的に先ほどの串カツ田中で見てみましょう。全店休業で株価が下がった800円台の時の期待値で計算してみます。

分かりやすいように値段を〝800円〟として計算してみると……仮にもし潰れてしまえば株価は0円になります。まあそこまでいく前に300円まで落ちたら諦めて売るとしましょう。一方の

値上がりのほうは元の値段の2000円程度まで戻ると仮定してみます。

先ほどの計算式の〝値下がりした時の株価〟に300円、〝値上がりした時の株価〟に2000円を入れてみます。値下がりしたときの株価には〝損切り予定価格〟を入れましょう。値上がりした時の株価には〝自分が売りたい株価〟あるいは〝戻ると思う株価〟を、それぞれ入れてみましょう。あとは〝値下がりする確率〟と〝値上がりする確率〟をどうするか？

このまま全店休業が長引いて売上が落ちて、最悪潰れてしまうのか？　それとも自粛期間が終わっていずれコロナ騒動も収束してお店が持ち直していくのか？　その可能性を考えてみてください。

「あれだけの人気店で一部上場企業が自粛期間中に潰れるとは思えないけれど、さすがに売上は落ちるだろうし、でもまたお店が始まればお客さんも入るだろうし……となると確率は、300円まで値下がりするほうをちょっと多めに見積もって60％で、2000円まで戻る確率が40％かな？」

その程度の感覚でOKです。だいたいの目安を見積もってください。とはいえ値上がり確率を甘くしないで、少しシビアに見て確率を見積もるようにしましょう。

それでは実際に期待値を計算してみます。

「300円×0・6＋2000円×0・4＝980円」

結果は、現値の800円より〝180円プラス〟。

つまり期待値は「1・225（980円÷800円）」。

村上ファンド式に言うと、「期待値が1を超えているので投資価値アリ」ということになります。

■「串カツ田中」のチャート

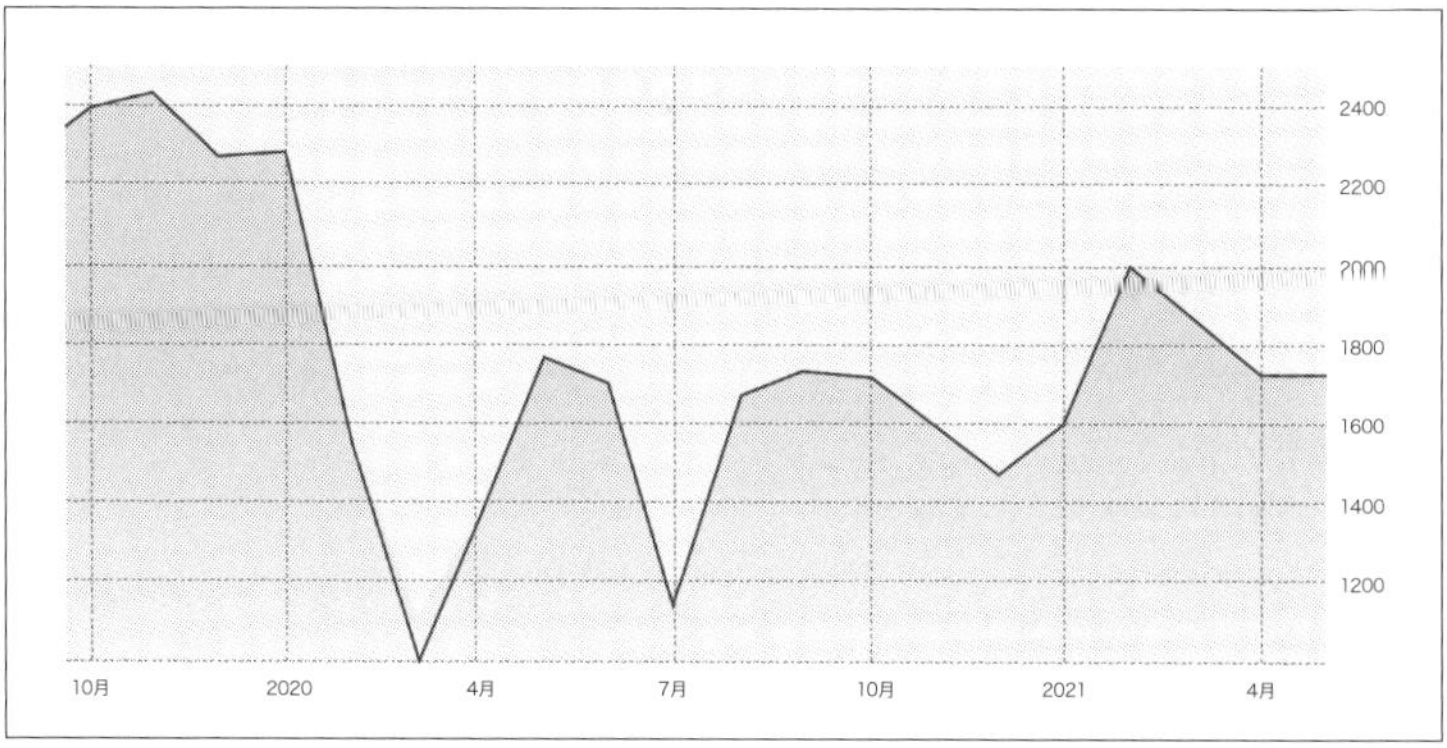

コロナ騒動で暴落した際の株価は800円台まで急落。その時の期待値は800円に対して980円なので“1.225”。期待値“ 1”以上なので“買い”。その後、一時“2000円以上”と倍以上の株価まで戻っている。

つまり、儲かる可能性が高いということです。

ところがこれがもし暴落後に戻した１６００円台で買うとなるとどうでしょう？

値上がりした時に期待する株価は変わらずに２０００円だと仮定し、値下がりする（損切りする）株価を緊急事態宣言で急落した〝８００円〟としてみます。それぞれの確率は、値上がり値下がりが半々だとしてみましょう。

「８００円×０・５＋２０００円×０・５＝１４００円」

期待値は「０・８７５」となって〝１〟より下。

１６００円より〝２００円マイナス〟です。

この結果「買わないほうがいい」という判断ができます。そもそも値上がり余地が少ないうえに、値下がりしたときの値幅が大きくなってしまいますので、買わないほうがいいわけです。

実際に、その後株価は再び下げて１０００円台を付けました。そこで我慢できずに売ってしまえば損切りになったわけです（2021年6月中旬現在は1900円近辺）。このように同じ銘柄でも、その時の株価や経営状況、世の中の状況によって期待値が変わってくるのです。

狙っている銘柄を買おうと思ったら、その時点での期待値を計算してみることを忘れずに。

その際に、期待値の計算式に入れる株価や確率は、あくまでも目安なので自分の感覚でOKです。

期待値が高い株ほど儲かる可能性が高いので「買い」。

期待値が〝1〟以下の株は、儲かる可能性が低いので「買わない」ほうがいいでしょう。

期待値の高い株を選んで買えば、儲かる確率もグッと上がります。

暴落は"バーゲンセール"だと思え！

2020年3月から世界市場を襲った新型コロナウイルスショックによる大暴落は、株式投資家を恐怖に陥れました。

米国市場はあまりの暴落にサーキットブレーカー（急激な下げの時にそれ以上下げないようにするシステム）が何度も発動され、日本市場も連日の大暴落。下げ止まる気配も見せず、まるでジェットコースターに乗って底なし沼に飛び込んだような恐怖に陥った投資家がほとんどでしょう。

あまりの恐怖に耐えきれずに持ち株を売り飛ばして損切り。しかし、結果的にはそこが大底で下げ止まり、その後の上昇局面では「またいつ下げるか」という恐怖感から手が出せずに、売ってしまった株の値上がりをただただ悔しい思いで見ているだけ。そんな方が多かったのではないでしょうか。

結果論ですが（本当は結果論ではありませんが）、もしも去年のコロナショック大暴落で売っていない、あるいは買っていれば、その後の株価上昇で利益になっていたはずです。事実、日経平均は一時3万円を超え、個別の銘柄も暴落前の水準以上に戻している銘柄が多数あります。

ではなぜ、暴落時に耐え切れずに売ってしまったのか？　あるいは買えなかったのか？

それは〝暴落〟という非常事態に直面したときに、冷静な判断をできない精神状態に陥ったから。つまり、メンタルの問題です。では、どうすればよかったのでしょうか？

〝消費者脳〟では「暴落は危険」と捉えますが、〝投資家脳〟は「暴落は儲ける大チャンス」として捉えます。このメンタルの切り替えができない限り、いつまでも〝負けるトレード〟をしてしまうことになります。

コロナショックは歴史的な大暴落にしても、株式市場では1年に数回は必ず〝調整〟という名の急落局面があります。そこでどういう行動を取れば儲けることができるのか？

つまり、どうしたら〝勝てるメンタル〟にチェンジできるのか？

コロナショックを例に挙げてご説明していきましょう。

リスクの裏にチャンスあり

まず最初に、当時の状況を整理してみましょう。

新型コロナウイルスの感染で世界中が混乱して世界経済も大きなダメージを受けていました。世界経済の先行き不安から株も売られて大暴落。まさに世界大恐慌状態で、ほとんどの投資家が大損を抱えて投げ売り状態。世間はコロナに関する悲観的なニュースばかりで株式投資にはリスクしかないように思えました。

「このままいくと株がどんどん下がって紙屑同然になるんじゃないか？」

誰しも、そんな恐怖を覚えたことでしょう。

そこで恐怖に負けて売ってしまっては、いつまで経っても負ける投資家です。勝てる投資家のメンタルになるには、恐怖心はいったん置いておいて状況を冷静に分析してみることです。

「本当にこのまま下がり続けて、たとえば日経平均が0円になることがあるだろうか？」

冷静にそう考えてみれば、そんなことはありません。どんな大暴落でも株というのはいつか底を打つものです。それは今までの歴史が証明しています。

たとえば、2008年に起きた〝リーマンショック〟。アメリカの投資銀行リーマンブラザーズが破綻したことをきっかけに始まった世界金融危機で世界中の株価が大暴落しました。投資家はみんな「このまま下げ止まらないんじゃないか……」と恐れて投げ売りに走りました。当時の日経平均はおよそ18000円から下げ続けて6994円で下げ止まり。底を打つまでに約1年半ほどの期間を要しました。

私も当時は慌てふためいてバタバタと取引した結果、投資資金のほぼ全額、当時の私の全財産を失ってしまいました。今改めて思えば、当時の私は〝投資家メンタル〟がまったくできていませんでした。私の資金は0になりましたが、当然ですが株式市場は恐れていたような〝0〟になることはありませんでした。ジェットコースターのような落ち方でも下げ続ける株はありません。株式市場はいずれ必ず底打ちするものです。

■リーマンショック&コロナショックと「日経平均株価」の推移

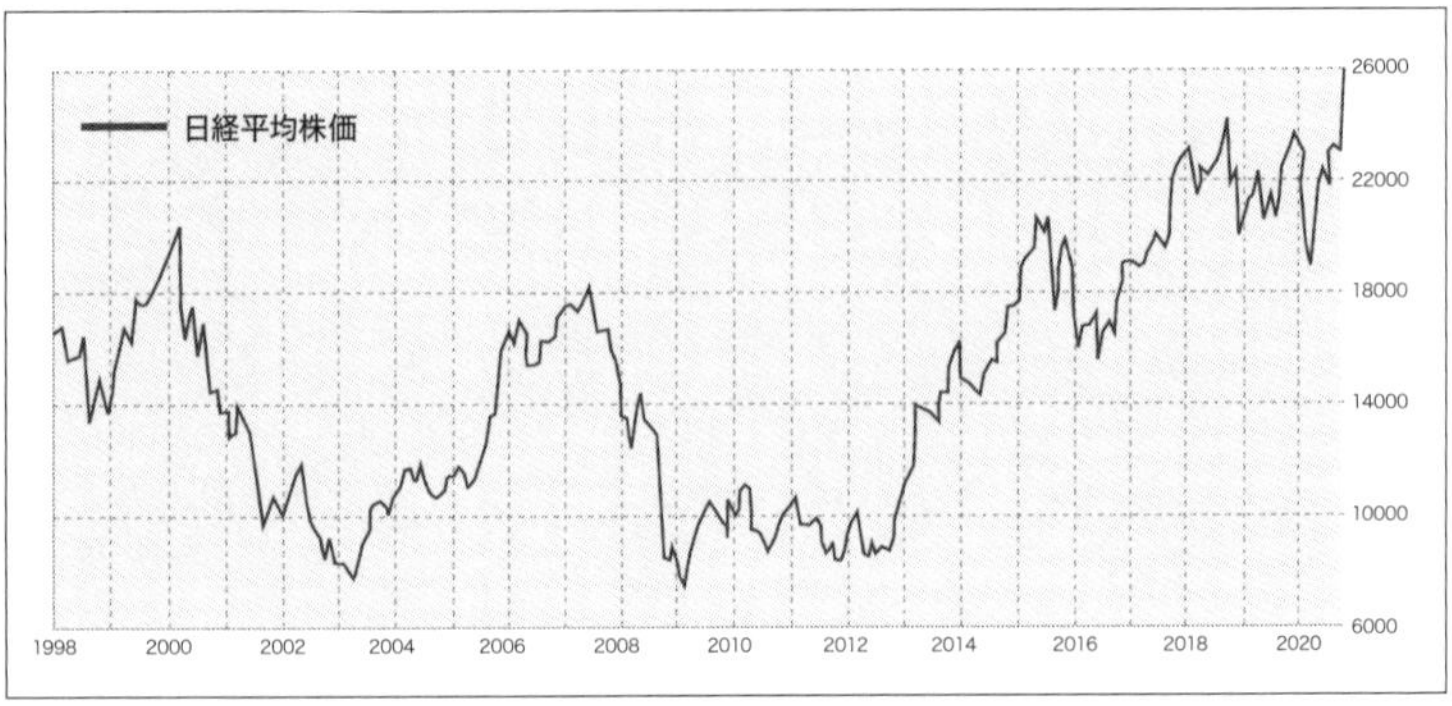

2008年の“リーマンショック”では、日経平均は1年半の間に18000円から6994円まで大暴落。しかし、底打ち後は24448円（2018年10月）まで上昇。リーマンショック発生前の18000円より6000円以上も高値をつけた。さらに、21年には一時3万円超えも記録した。

そして底打ちした後どうなったかというと、再び上昇しています。途中にもちろん上げ下げはありますが、最終的には２０１８年の10月に２４４４８円まで上がっています。これはリーマンショックが起きる前の１８０００円より６０００円以上も高いことになります。コロナショックで暴落していた今回も、リーマンショックと同じようなことが起きています。日経平均株価は暴落前の水準を軽々と突破して３万円の大台を付けました。まるでコロナショックなどなかったかのような上昇です。暴落の最中は〝この世の終わり〟のようなニュースばかり溢れて、そちらにばかり目が行ってしまいますが、暴落はいつか終わり底打ちした後は反転上昇するものです。それは〝リーマンショック〟〝コロナショック〟など、今までの歴史が証明しています。

儲ける投資家メンタルになるには、目先のリスクだけを見てはいけません。リスクの裏にあるチャンスに目を向けてください。〝リスクの裏にチャンスあり〟です。

暴落時は〝高嶺の花〟の株が安く手に入る

次に個別銘柄も見てみましょう。

ディズニーリゾートを運営するオリエンタルランド（4661）を例に挙げてみます。

2020年1月には16000円だった株価はコロナショックの暴落で12000円まで値下がりしました。4000円（1単元で見ると40万円）も値下がりしたことに耐え切れずに売ってしまった方も多いでしょう。

ところがコロナショックが落ち着くと株価は上昇に転じ、一時18000円と暴落前よりも値上がりしています（2021年6月中旬現在は16000円台）。売らなければ、あるいは買っていれば、儲けることができたわけです。

オリエンタルランドは人気株です。保有すると〝株主用優待パスポート〟をもらえるので普段はあまり値下がりしません。ですからショック安が落ち着けば、再び買いが入って株価は上がるのです。暴落時は〝味噌もクソ〟もいっしょくたにして売られるので、オリエンタルランドのような普段は値下がりしない人気株も安く買えるわけです。

こうしたチャンスは、今回のような暴落時や、年に何度かある調整時の急落しかありません。1つ買うのに160万円だったものが、なんと120万円で買える。今まで高くて手が出なかった高

■「オリエンタルランド」のチャート

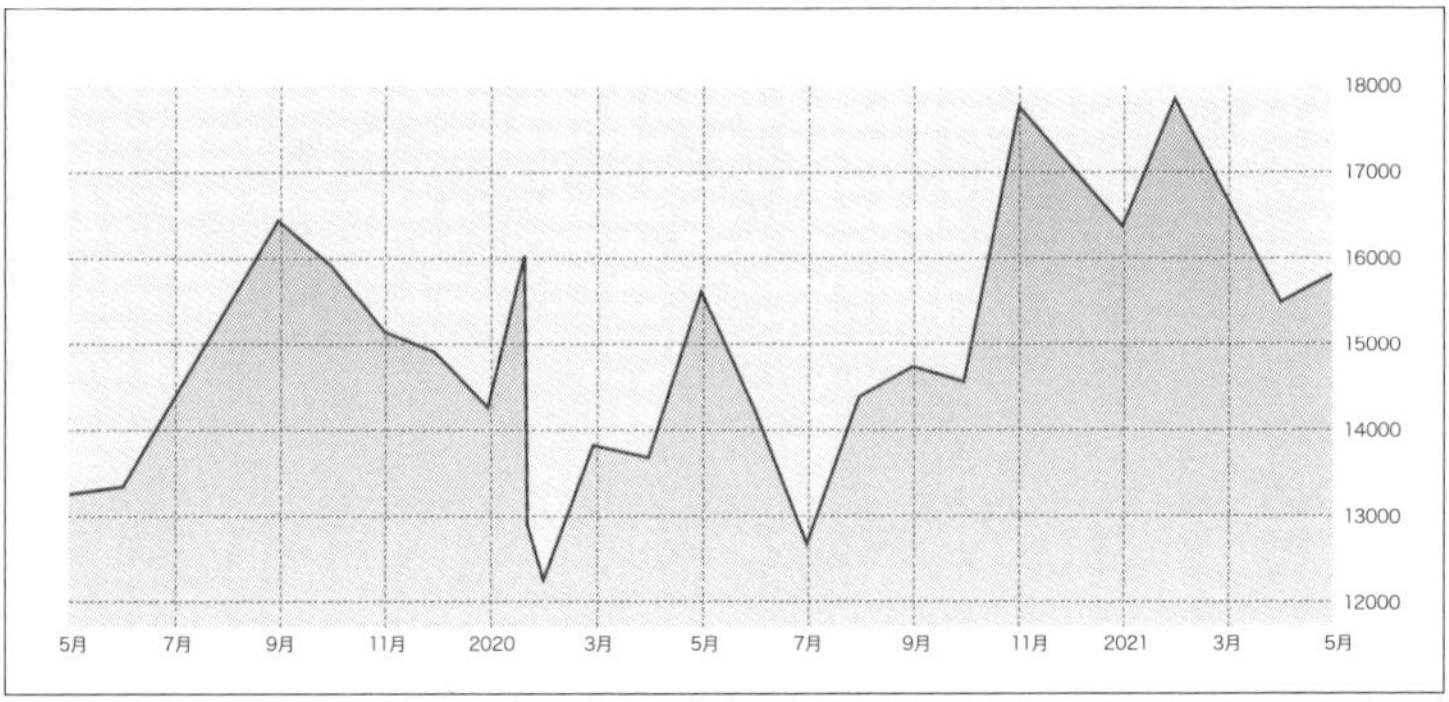

2020年1月には16000円だったオリエンタルランドの株価は、コロナショック暴落で12000円まで急落。その後、コロナショックが落ち着くと株価は上昇に転じ、18000円と暴落前よりも値上がりした。業績が良い企業の株は一時的にショックで下げても、相場環境が落ち着けば株価は戻る。

嶺の花の人気株を40万円もディスカウント価格で手に入れるチャンスだったわけです。

ただし一つ注意してください。いくらディスカウントされて安くなっているからといっても買っていい株と買ってはいけない株があります。

買っていいのは業績が良い会社です。オリエンタルランドのように増収増益が続いている会社、成長している企業の株。あと分かりやすいのは、誰でも知っているような業界の大手の会社。こういった企業の株を買っておけば、暴落が終わればいずれ値を戻します。少なくとも暴落前の水準近くまでは戻すケースがほとんどです。

たとえばコロナ騒動が収束した後、ディズニーランドやディズニーシーはどうなるかを考えてみれば分かりやすいです。間違いなくまたみんな行くようになります。そこどころか、今まで行きたくても行けなかった分、入場者が殺到するかもしれません。そうなれば業績も上向きます。そこまで読み込んだ時点で株価も復活します。

ここで注意して欲しいのは、買った株が目先で値下がりしたからといって売らないことです。〝買ってもいい会社〟の株なら再び値上がりします。もともとだいぶ下げているわけですから、持っていればいずれ買値よりも高くなります。目先の値動きにごまかされないようにしてください。我慢が大事です。

逆に買ってはいけないのは、業績の悪い会社です。安いからといって色気を出して買うと、暴落前よりさらに業績が悪化して、最悪のケースでは倒産するかもしれません。倒産しないまでも元の株価に戻らずに低迷したままの可能性があります。いくら安くなったからといっても、そもそも業績が悪い会社の株は買わないように気をつけてください。

もう一つ気をつけて欲しいのが、くれぐれも短期で儲けようと思わないでください。1年先……いえ、2年、3年……5年先を見据えた長期投資であれば、値下がりしている時に買えば、あとで何倍にもなって返ってきます。

先ほども名前を挙げた〝投資の神様〟と呼ばれるウォーレン・バフェットも言っています。

「株式投資で損をする人は多い。不遇な投資家は、環境が良いときだけ投資し、恐怖感をもたらせるときに売却するからだ」

実際にバフェットはリーマンショックの暴落の時に安くなった優良株を大量に買って大儲けしました。その時の彼の言葉が、「今、私が米国株を買う理由は極めて簡潔で、市場が欲深くなった時には慎重になり、市場に恐怖心が広がった時には欲深くいくべきだからだ」です。

暴落時は格好の儲け時

◆〝消費者脳〟

「暴落は危険」▽慌てて損切り（怖くて買えない）

⬅ 負ける投資家メンタル

◆〝投資家脳〟

「暴落は儲ける大チャンス」▽喜んで買い増し

⬅ 勝てる投資家メンタル

【結論】 暴落は安く買える大チャンス！　バーゲンセールだと思って買う

ただし、業績のしっかりした会社を長期投資目的で買うことを忘れずに。

暴落時は〝株のバーゲンセール〟の真っ最中です。お買い得になった良い株を安く買ってしっかり儲けるチャンスです。株の格言にも「人の行く裏に道あり花の山」という言葉があります。

暴落時や急落時のように市場に恐怖心が広がって、みんな売りたい時こそ儲けるチャンス。そう考えれば、落ち着いて〝儲かる投資家脳〟へとメンタルが切り替わるはずです。

資金の余裕＝メンタルの余裕

株式投資で、特に初心者・初級者が一番怖いと思うのは、持ち株の価格が下落して〝含み損〟を抱えることでしょう。

しかしながら株式投資を継続していく以上、含み損は避けては通れません。将来的には値上がりする株でも短期的な期間で見てしまうと、どうしても自分の買値より下回る場面が出てきてしまうものです。そう都合よくは買ってからすぐに値上がりする株はないのですから、株価の下落は避けては通れないのです。

特にそれが成長株であれば、株価は常に将来の成長性を見込んで割高水準で推移しているものなので、なんらかのショックで一時的に安くなることは十分あり得るからです。

将来的には値上がりする銘柄でも株価は常に上下動を繰り返していることから下落は避けて通れないとすれば、株価の下落局面においてどのように対処すべきなのか。その正しい手法を知っておけば、慌てて損切りすることもなくなるはずです。

下落局面ではどうしてもメンタルが激しく動揺しますので、事前に対処法をわきまえておけば動揺を鎮め、冷静なメンタルで勝てる投資家脳でいることができるのです。

株は下がるものだと想定しておく

第一に、下落局面で動揺してしまう原因は、投資した銘柄の株価が下げることを想定していないということです。

投資家は株式を購入する時や利益を確定する時には、脳内から快感物質が出されます。これは〝自分の資産を増やす＝生存に有利な行為〟という本能から来ているものですから当然です。

ですから、特に経験の浅い初心者や初級者ほど株を買う際に冷静ではいられません。値上がりすることばかり考えていますので、自分が買う銘柄が「ひょっとしたら値下がりするかもしれない」などとはなかなか思えないものです。

買った株価が運よく値上がりしているときも「このまま値上がりし続けるのではないか」と、脳内で妄想してしまいます。よくある〝お花畑〟状態。メンタル的には完全に〝負けるパターン〟の〝消費者脳〟になってしまっています。

投資していない（買っていない）人からすると「株価は下がるかもしれない」と慎重かつ冷静に判断できるのですが、実際にポジションを持ち（株を保有）、かつ株価が上昇していくと「このまずっと上がっていく」と永遠に上昇が続くような気になるものです。

ところが冷静に考えれば、株式相場はいつまでも上がり続けることはありません。上昇トレンドという大きな流れの中では上昇していくとしても、必ず調整局面はやってきます。つまり株価が下がる場面は必ずあるということ。へたをすれば、今までプラスだったものが、いきなり買値を下回ってマイナスになるケースだってあります。

そうした下落局面を最初から想定して「下がった場面でどうするのか？」という心構えをしておくことが、勝てる投資家脳にチェンジするためには不可欠なのです。

ポジションを取りつつ、追加投資資金も常にキープしておく

具体的な対処法ですが、3パターンあります。

◆ひとつの銘柄の購入を数か月にわたって分割して行うことで、下げ局面でも投資できる（買い増し）できるようにする。

◆キャッシュポジションをある程度持っておいて、その範囲内で追加投資できるようにする。

◆いったんすべてのポジションを損切りして退避し、上がり始めた局面で再度投資する（買い）。

おおよそ、以上の3つの手法が考えられます。

この3つの手法は、どれが正解ということはありません。その人が取っている投資手法によって、どのような戦略を取ればよいか異なってきます。

私の場合は〝中長期の成長株投資〟ですので、キャッシュポジションを常に持ち続けつつ（追加

購入できる投資資金を常にキープしておく)、分割売買するという手法で対応しています。

買ったあとに、ある程度株価が値下がりすることは想定範囲内と受け入れつつ、ポジションを取り続ける(保有し続ける)のです。一定の現金を保有しておくことで、株価が下落したときに備えることができます。

「値上がりする自信があるなら全部投資に回すべきだ」という考え方もあるでしょう。しかし成長株投資は株価が大きく上下して振り幅が大きいのが特徴です。中長期的には上昇する可能性が高くても、その途中には「株価が半分になることもある」と想定して投資しています。

それでなくても何が起きるか分からないのが株式相場です。昨年のコロナショックでは全体相場が大きく下落し、個別銘柄も半値近くになりました(半値以下になった銘柄も)。どんな有望株でも全体ショックには逆らえません。私の保有銘柄もほとんどが半値近くまで下がってしまいました。

こうした予想外の状況が発生したときに、投資資金を全額ぶち込んでいてはたまりません。持ち株がどんどん値下がりするのを身動きできずに見ているだけ。気持ちが焦るばかりでメンタルがやられてしまいます。そして耐え切れずに損切りして大損……なんてことになりかねません。

幸いなことに私は下落局面が必ず来ることを想定していましたので、追加投資可能な資金を保有していました。

先ほどの例で言えば、「儲かる株なら全部投資するべき」と考えて、全額株式を購入していたとしたら、おそらく私もコロナショックの急落に耐えられず大半の銘柄を損切っていたでしょう。しかし私は当初から下落に備えて心構えができていたので、コロナショックでも慌てて損切ることなく、むしろ追加購入（買い増し）したことで、その後の上昇局面ではコロナショック前よりも持ち株が値上がりしていたのです。

株価の下落は儲かるチャンス

誰しも持ち株が下がるのは辛いものです。実際に資産が削られていくのですから気が気ではありません。先ほどお話した〝脳内快感物質〟でたとえれば、買うときの興奮気味の脳とは裏腹に、脳内には〝マイナス（負）の物質〟が出ているに違いありません。そんな状況の中で、メンタルを〝負けない投資家仕様〟に変換するにはどうしたらいいのか？

それには〝見方〟を変える必要があります。

もしもまだ買っていない有望銘柄があるとして、その銘柄が値下がりしたとすればどうでしょう。今まで高くて買えなかった株が買えるという大チャンスです。つまり、新規で取引しようとする人からすると、株価が下がるというのは〝儲かるチャンス〟に他なりません。

ならば自分も「有望株が下がったから買ってみよう」と下落をチャンスと捉えてみる。この発想の転換が大事です。

「そうは言っても含み損を抱えてるのにそんな気にならない」というのは分かります。誰しも保有銘柄が値下がりして喜ぶ人はいません。

ただし、そこで当初から〝下がる〟ことも想定して一括で購入せずに分割購入を予定しておけば、買いコスト（買値）を引き下げて株数を増やすチャンスでもあります。

ここで大切なのが、先ほどお話したように〝現金（投資資金）〟を保有しているかどうか。保有している、保有していないで、投資家のメンタルはまったく異なります。

現金をある程度保有している状況で、想定していた下落局面を迎えた場合には、「下がってきたところで買ってやろう」「どこで買おうか」という気持ちで待ち構えることができます。バーゲンセールで欲しい商品を虎視眈々と狙うバーゲンハンターの気分でいられます。

一方、現金に余裕がない場合は、下がっていく局面でなす術がありません。

株価の下落に恐れおののき、耐え切れずに損切り。結果的には一番安いところで売って、そこから反転上昇。あとはただ指をくわえて見ているだけ……そんな悲惨な目に遭うことにもなりかねません。実際に今回のコロナショックでは、相場の急落にメンタルがくじけて損切りして泣きを見た投資家がいかに多かったことでしょうか。

不思議なもので「お金の余裕は気持ちの余裕」につながります。

現金を持っていることが冷静な気持ちを生み出すのです。平常心を持って取引するためにも、常に一定の現金を保有しておくことが大切です。

どんな有望な成長株でも下落局面は必ずあると想定して、追加購入できるように常に現金（資金）

常に一定の現金をキープしておこう！

◆追加購入資金（現金）に余裕アリ

⬅ 下落局面を事前に想定▽どこで買おうか待ち構えられる

⬅ **お金の余裕は気持ちの余裕（勝てる投資家メンタル）**

◆追加購入資金（現金）に余裕ナシ

⬅ 下落局面を事前に想定せず▽株価下落に恐れおののき耐えきれずに損切り

⬅ **精神的に追い込まれて気持ちの余裕ナシ（負ける投資家メンタル）**

【結論】 どんな有望株も下落局面は必ず来る。その時のために追加購入資金（現金）を常に用意しておく

を用意しておく。そして想定通りに下落局面が来たら、動きを見定めて、狙いをつけて買う。

このときも、さらに値下がりすることも想定して、資金枠いっぱいに買わずに現金は残しておくことです。

株価の下落（調整）を迎えた時に慌てずに「これで安く買い増しできるぞ」と思えるようになればしめたもの。ちょっとした株価の下げには動揺しない安定したメンタルを持った〝勝てる投資家脳〟になったと言えます。

“最高の取引”を狙わず“最悪の取引”を避けよ

株式投資をするうえで、用意した投資資金の何割を実際に投資に使えばいいのか？

結論を言えば、すべての投資家に当てはまる〝何割〟という答えはありません。その投資家の投資戦略、余力（余剰資金）などの諸条件によって異なるからです。

もし、あなたがインデックスファンドで長期積み立て分散投資をしているのであれば、余剰資金を持つ必要はないでしょう。銘柄ごとに買い増しするなどの投資手法は必要ないわけですから、基本的には投資資金はすべて積み立て投資（インデックス）に回せばよいでしょう。配当狙いや優待狙いの銘柄をメインに保有している人も余剰資金を意識してそれほど持つ必要はないでしょう。

もちろん、安いところで買うための資金を多少は残しておいたほうがいいでしょうが、配当狙いや優待狙いの投資法は、さほど株価を意識するものではありませんし、業績の安定している大型株は小型株と比較して株価の動きも安定しているので、比較的安心して投資することができます。

気をつけなければいけないのは、本書でサラリーマン兼業投資家にお勧めしている小型成長株をメインに投資する場合です。

小型成長株は株価の大きな上昇も期待できる反面、その期待が株価に織り込まれていくので、成長性という期待が萎めば株価は下落します。業績は順調に伸びていくとしても、必要以上に買われたら調整（下落）しますし、全体暴落など何をきっかけに株価が変動するか分かりません。小型株であるがゆえに、そうした株価の変動が大きくなるというリスクは常に内包しています。ですから予期せぬ株価暴落に備えて、常に用心しながら余力を持っておかなければならないのです。

私の場合、投資金額のうち〝2割〟程度を余剰資金（現金）として残しています。また、小型成長株メインの投資スタンスを取っているとはいえ、投資している株式のうちのすべてを成長株に回すのではなく、3分の1程度は配当株に回しています。これに加えて、毎月の給料から定期的に追加資金を株式投資用に回すようにして、安定した投資資金を確保できるように工夫しています。

これから成長株投資を始めようと考えている人は、最初から全力投資しないようにしてください。買い付け予定資金の全額を使って購入してしまうと株価が下落したときにメンタルがバタついて落ち着いた取引ができません。

狙った有望銘柄があると全力買いしたくなる衝動がどうしても抑えられない人は、たとえ資金を潤沢に持っていたとしても、証券口座に投資資金を全額入金しないほうがいいでしょう。当初は投資資金の一部を入金して取引を開始する。そうすれば全力買いしたくてもできないので、少数の買い付けで済みます。そうして少し買ったら、また資金の一部を入金して取引をすることを繰り返していけば、一度に大量買いせずに徐々に持ち株を増やしていく手法が取れます。

最初から全力投資してしまうと、株価が下がって我慢できずに持ち続けられなかった時点で、「やめてしまおう」という発想になりがちです。そうしてメンタルがやられて株式投資から去っていった人がどれほど多いことか。

投資には損がつきものです。投資資金の一部を使って徐々に実践を積みながら、自分に合った投資手法を見出していかねばなりません。投資資金を増やすのはそれからでも十分間に合います。

ついつい手元にまとまったお金があると、それをすべて投資したいと思う気持ちはよく分かります。ただし最初から上手くいく仕事がないように、株式投資も最初から上手くはいきません。成功パターンを見つけるまでは保守的なぐらいの投資スタンスでいたほうがいいのです。

有望銘柄を見つけてお金があれば、そのお金をつぎ込んですぐに買わないと損した気分になるかもしれません。特に株価の上昇局面では乗り遅れまいと、急いで買いたくなるでしょうが焦らないでください。焦った時点でメンタルで負けています。典型的な負ける投資家脳パターンです。

焦らずとも株式市場にはいつでも参加できます。焦って食いついてきたところを待ち構えていたプロたちがカモにして食うのが株式市場という弱肉強食の世界なのです。

〝分割売買〟でコストを平均化

それでは勝てる投資家脳になるためには、どう考えればいいのか？

「焦らず買うのは分かったから、いつ、どうやって買えば儲かるのか」と聞かれたなら、「できるだけ下げたところを狙って買う」とお答えします。当然ですが、値段が高いところより安いところで買ったほうが危険が少ないし、上がったときの儲けも大きくなります。

「じゃあ〝できるだけ下げたところ〟はどこなのか？」と聞かれたら、「分かりません」とお答えします。チャート分析が得意な人なら、チャートからサポートライン（支持線）などのいわゆる〝節目〟を読み取って、そのポイントまで来たら買うということもできるでしょう。ただし私もそうですが、一介のしがないサラリーマン投資家に専門家のようなチャート分析などおそらくはできないでしょう。たとえチャートが読めたとしても、絶対にサポートラインで株価の値下がりが止まるかどうかなど、誰にも分かりません。サポートラインをぶち抜けてさらに下げていく場合もあるからです。つまり〝どこまで下げたら買いか〟など正確には分からないということ。

それでなくとも、狙いすましていた株が値下がりしてきて予定の購入価格近辺まで来たとしても、「せっかく待ったのだから、もっと安くなるタイミングがあるはずだ」という気持ちが湧いてきて、実際には待った分余計に手を出しにくいことも多いのです。

では、どうすればいいのか。さきほど「できるだけ下げたところ」と書きましたが、それを実践できる実力がある人は別として、二流投資家のわたしたちにはなかなか難しい。ならば値段が落ち着いているところ、つまり横ばい状態のような場面で少し買いを入れておくこと。少しでも買っておけば、最初に購入したタイミングを起点としてポジションを組み立てていくことができます。

ポジションを組み立てていくには、値幅を基準にして買い増ししていくことで徐々に株数を増やしていく方法もあります。たとえば最初に購入した起点が〝800円〟ならば、〝750円〟〝700円〟と50円刻みに値下がりしたところで買い増す方法もあります。この手法だと、コストダウンしながら株数を増やすことができます。

これは〝分割売買〟のひとつのパターンです。一度に一括して買わずに数回に分割して購入することでコストを平均化することができます。株価は長期的には利益に見合った価格に落ち着きますが、短期的には上にも下にもランダムに動きます。前述したように短期的には上がるも下がるも50%の確率です。そして小型の成長株ほど平気で株価が半分になったりします。「ここが買い時」と思ったところから株価がさらに下げることなど日常茶飯事です。しかもそれがどこまで下がるかは誰にも分かりません。

長期的な投資を心がけるとするならば、そうした上下動に立ち向かうには、売買タイミングをずらして購入する〝分割売買〟をすべきです。下がった時だけでなく、上がった時でもいいのです。分割して買うということは、結果的に購入価格が〝平均値化〟していきます。つまり購入した株価の変動幅の中の〝平均値〟あたりで買うということになります。

その結果、一括購入した場合より儲けが少なくなったとしても、そうした手法のほうが失敗したときのダメージが少なく、余裕を持って株価の変動に対処できる分、安定したメンタルでいられるのです。

〝積み立て式〟分割売買は99％儲かる手法

私もかつては短期間で一気に買い付ける投資手法を行っていましたし、それが当然だと思っていました。しかし、どうもうまくいかない。そこで次第に株を何回にも分けて購入する手法を試したところ、私にはしっくりきました。

分割売買では株を買いたい気持ちを抑えて、買うタイミングを待っているのですから常に我慢しなければいけません。最初は我慢するのが苦痛でした。〝買いたい〟欲求をグッと堪えて耐えるのですから、言うなれば人間本来の本能に逆らっているようなものです。しかしそうして我慢している間に、給料やボーナスを補填して、追加購入できる投資資金が増えるようにもなりますから、精神的な余裕が大きくなりました。

たとえは悪いかもしれませんが、戦闘時に後方支援の補給路が経たれては勝負になりません。常に後方支援ができる状況を確保できていれば、兵士たちの士気にも影響し、その戦いに勝てる確率も高くなります。株式投資を行ううえでも、そうしたメンタルの優位性が重要です。

実際に私はどのように分割購入しているかというと、購入する頻度を〝月1回〟程度にしています。たとえば〝300株〟買う予定であれば、1月に100株、2月に100株、3月に100株……というように、100株ずつ3か月に分けて購入するというスタイルです。

なぜそのような分割売買をするかというと、銘柄を調べて〝成長株〟だという見立てが正しいならば、過程には株価の上下があったとしても、数年後には利益水準に見合うだけの株価になっているはずだからです。数か月（あるいはもっと長期的に）に分けて比較的長い仕込み期間を取ったとしても、数年間はその銘柄を保有するのですから決して時間をかけすぎているということはありません。スイングトレードで株価の上下の値幅で売り買いして利益を取っていくような短期取引スタイルではないので、時間をかけてじっくり仕込んで、最終的には長期の値上がりを利益として手にすればいいのです。そう考えれば、慌てて短期間で仕込まずとも、月1回程度の仕込みで十分間に合うのです。

ここでは実際に私が分割売買している「Ｈａｍｅｅ（３１３４）」（Ｐ１０５参照）の例をご紹介します。分割売買することで最大限の儲けを得ることはできませんが、大きなミスを減らしながら投資していることが分かると思います。

そもそも投資家が短期間で株式をまとめて購入しようとするのは、「今が底値だ」と考えているからに他なりません。「底値近辺だとすればこれ以上下がらない、ここからは上がる」と思うからこそ、その価格で買いを入れるわけです。

しかしながら相場の底がいくらになるのかは分かりません。どこまで、どれぐらいの期間下げるのかも分からないという前提で投資するならば、一括で全部購入するのは誤りです。

ところが、実際には多くの個人投資家が一度に予定株数を全部買ってしまいます。１０００株買う余力があれば、１０００株を一度に買ってしまうのです。首尾よく上がれば万々歳ですが、下がった時には余力がないのでなす術がありません。機動的に損切りしてさらに安いところで買い直すという手法が実践できるのであればいいのですが、機械的に損切りできない人はズルズルと損失が拡大してしまいます。こうなると株価の下落をひたすら耐えている状態となり、メンタル面にもダメージを受けますし、何より時間の無駄になります。これがもし余力が残っていれば、いったん損切りもしやすいですし、追加投資することもできるでしょう。

いくら狙いすましてみても、買うタイミングが早すぎたり、逆に遅すぎたりするものです。しょせん正確に買うタイミングは計れないのです。そうであるならば時間をかけて平均的に買っていけば、少なくとも買い付けしている期間の〝平均値〟は取れるというわけです。

その買い付け期間が1年、あるいは2年に渡って分割してもいいでしょう。月１回１００株ずつ買い増していくと決めて実行する。こうすることで購入価格は売買期間の〝平均値〟に近づいていきます。言うなればこの分割購入は、その銘柄の〝積み立て〟と言ってもいいかもしれません。

実は〝積み立て〟は投資手法においては、確率高く儲かる手法なのです。これは〝ドルコスト平均法〟と呼ばれるもので、基本的に右肩上がりのものでは、計算上〝99％の確率で儲かる〟と言われています。そもそもこの投資法は「ドルを調達するときに、いかに低コストで調達できるか」を考えたユダヤ人が発明した投資法で、この「ドルコスト平均法」という原理で積み立てていくと99％損しません。ほぼ１００％の確率で勝てるようになっています。

「いつ買っていいか分からないものは買い続ければいい」――これは数学的にも証明された法則です。シンプルにして負け知らず。ただし唯一〝右肩下がりし続けるもの〟には関してはまりません。ですから銘柄選定が重要になります。〝業績が右肩上がり〟の成長株であれば、定期的に買い増していく分割売買は非常に有効な手法なのです。

〝月1回〟程度の頻度で買い付ける

成長株はある程度まで上昇すると、その後はしばらく横ばいの期間が長くなります。成長し続けている限り、いずれまた上昇カーブを描き、長期的に見ると右肩上がりの上昇となるのですが、上昇した株価が成長性を織り込み、再度上昇を開始するまで横ばい期間があるのは避けられません。横ばいの期間は半年から2年近くに及ぶこともあります。この横ばい期間に時間を分散しながら買い付けるのが私の分割売買のスタンスです。

このような売買スタイルを取っていると、時に自分が予定していた数量を買い付ける前に株価が上昇してしまうことがあります。しかしこれは分割売買を心がけている以上は仕方ないことです。むしろ買い切れなくて上がるぐらいでいいのです。「全部買えなかった」などと残念に思わずに、余裕のメンタルで株価の値上がりを見守るぐらいがちょうどいいのです。

成長株投資する際には自分の実力を過信せず、天井や底値を狙って売買することはできないと考

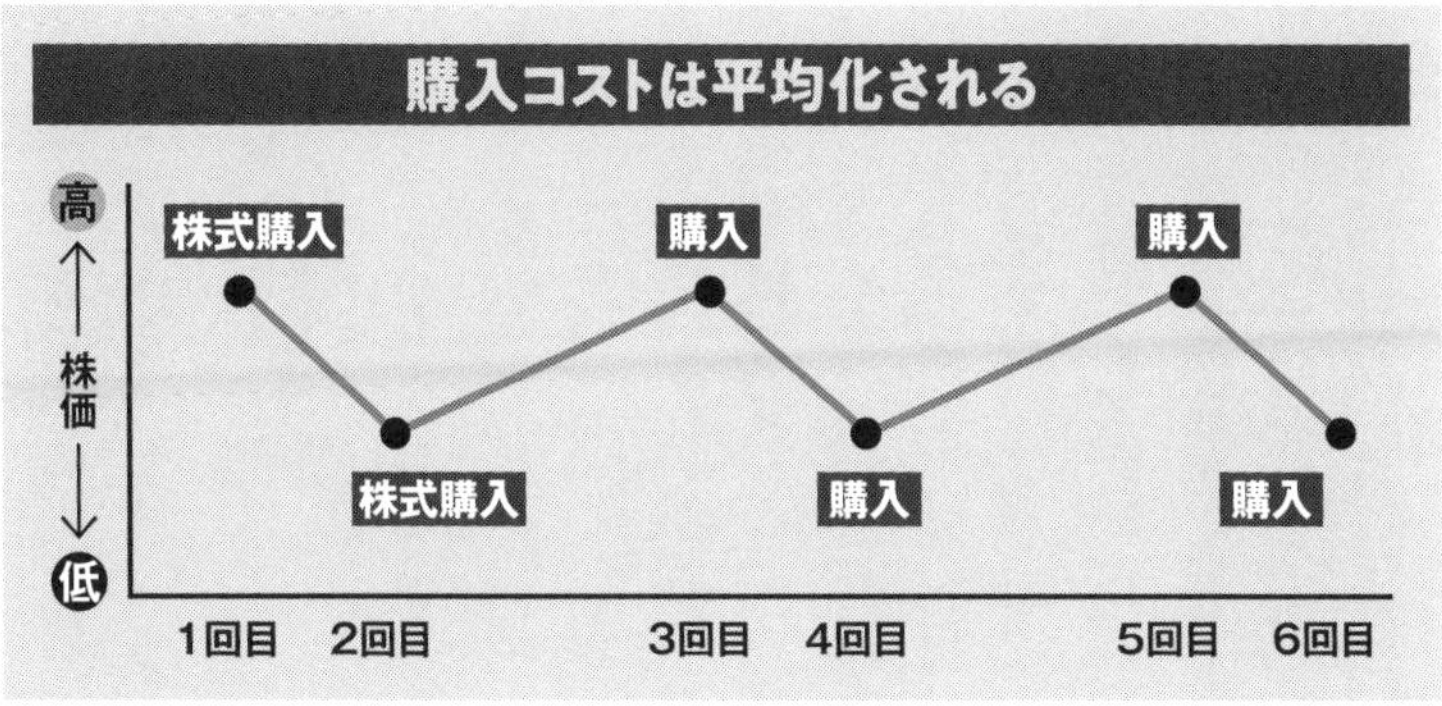

えて投資戦略を練ることが賢明です。そのために、具体的には数か月（1年以上）かけて仕込んでいくことで、その期間の平均値が取れ失敗しなくなります。

投資資金が何倍にもなる可能性を秘めた成長株投資ですが、業績基盤が安定しない分、株価は業績動向や相場環境により大きく上下します。中長期的に見れば右肩上がりの銘柄であっても、投資をする段階では上下に激しく動いており、投資のタイミングが分かりにくいのも事実です。

成長株投資に絶対の正解はありません。正解がないのであればできるだけリスクが少ないほうがいい。二流投資家の私たちサラリーマン投資家は、これぞと思った銘柄でも一度に買わずに分割売買したほうがいいでしょう。分割売買であれば、価格変動に対処しやすいですし、買うタイミングを間違えて失敗するリスクも軽減できます。長期的に株式投資を続けるのであれば、安定したメンタルを保てる分割購入をお勧めします。

株価が上がっている時は、このまま天高くまで株価は上昇し、下落している時は奈落の底まで株価は下落する気がします。買う

一気に購入するのは大ケガの元

◆分割購入

値下がりに対処できる（余力アリ）

⬅

買い増ししてコストダウン（ドルコスト平均法）

⬅

＝

99％の確率で儲かる

◆一括購入

値下がりに対処できない（余力ナシ）

⬅

下落にひたすら耐える（メンタル的ダメージ）

⬅

＝

損切りすることに

【結論】分割売買することでリスクを避け、余裕のメンタルで値上がりを待て

時は上昇を期待していますから、株価が上昇しているときに飛びついて買うことになります。そうして焦って売買することは株式投資において望ましくありません。取引は焦っている人が足元を見られるのが鉄則です。

自分の有利な状況で投資している人と比べて不利な状態に置かれます。上昇局面での一括買いなど、焦りからくる投資行動は良い結果を生まないことがほとんどです。

分割売買をすることで〝最高の取引〟は捨てることになりますが、高値近辺で買う、安値で売るという〝最悪の取引〟は避けることができるのです。サラリーマン兼業投資家は、大きな成功を狙うよりも、泥臭く失敗しにくい方法で投資したほうが長期的には生き残る確率が上がります。

常に〝打つ手〟を残しておけ

なるべく安い値段で欲しい株を買うこと、もっと言うと底値で株を買うことはすべての投資家の夢です。しかしながら底値買いを実現することは困難です。しょせんどこまで株価が下がるかは分からないのですから、底値で買おうとしても無理な話。プロでも難しいのに、我々一般投資家ができるはずがありません。

株を安く買うチャンスの時には良いニュースは出ません。相場全体が暗いニュースで溢れ、まだまだ相場は悪くなる」、「どこまで落ちるか分からない」というような状況の時に株価は安値を付けます。先行きの経済情勢が明るくて、個別銘柄の業績も良く、かつ相場が低迷していて安く買いやすいなどというケースはほとんどないからです。

たいていの場合、株を買いたくなるのは相場が明るく、個別銘柄も上昇している時。「今買わないと取り残されるんじゃないか」と気持ちが焦って、ついつい飛びつき買いしてしまうものです。そうして買った株は、まるで図ったかのように値下がりして「しまった。早まった」と後悔するのがオチ。私も経験したことがありますが、一般投資家が陥りがちな典型的な負けパターンです。

何度も言いますが、冷静な投資家脳で考えれば「相場が悪いときほど買いチャンス」、「相場が良いときほど罠にはまるピンチ」なのです。

とはいえ、いくら買いチャンスとはいっても相場が悪ければ、個別銘柄もどこまで下げるか分かりません。特に小型成長株であれば、高値から半値ぐらいまで落ちることは頻繁にあるからです。

まず第一に、下落時にやってはいけないのは、慌てて処分することです。成長株ならなおさら慌てて処分するのは待ってください。その銘柄を保有するための前提条件（業績など）が崩れていなければ、慌てて売る必要はありません。むしろ買い増しするチャンスなのです。下がってショックを受けるようであれば、まだまだ勝てる投資家としてのメンタルができていないということです。

しかし、株式投資経験が浅ければ株価が下がるとショックを受けるのは当たり前です。経験を積むにつれて投資家脳が鍛えられれば、株価変動に際してメンタルがブレずに投資できるようになります。

事前に分散購入のプランを立てておく

では、具体的には株価下落にショックを受けない投資家脳になるためにはどうすればよいのでしょう。買った銘柄が下落してもいいように、タイミングを分散して買う〝分散投資（分割売買）〟をすることとは、すでに説明しました。

次に大事なのが、購入時に事前に〝売買プラン〟を持っておくことです。

といっても難しいテクニカル指標を持ち出してきて悩む必要はありません。私たちの投資法は2

倍、3倍を狙う投資法です。最初に買うときに、指標をもとに綿密に1円単位で計算しても意味がありません。これまでの株価の変動率をチャートで確認し、その銘柄のPERの推移する範囲を見て、だいたいのところで打診買いを入れてみればいいのです。

そして重要なのが、打診買いした後の値下がりに備えて〝買い下がる目標値〟の目途を付けておくことです。買った後に首尾よく値上がりしていけばそれにこしたことはありませんが、買った後に値上がりする確率と値下がりする確率が50％ずつであるならば、値下がりした時のことを事前に考えて、どの値段で買い下がるのか、分散投資のプランを立てておくことが必要です。

たとえば私が保有しており（現在は100株のみ保有）、以前にセミナーでも取り上げた「シルバーライフ（9262）」という銘柄の場合ですと、それまで株価2000〜3000円で評価されてきていたところ、私がセミナーで推奨した時には1600円程度まで下落していました。上場時の株価は1000円程度ですし、推奨時点での来期の収益水準から見た予想PERは30倍にも満たない28倍。それまでは成長性が評価されて60倍前後で推移していたことを考えると、そこそこ割安になってきて買い場のように思えました。

しかし、割安な有望銘柄だからといってもそこで一括購入してはいけません。最初の手付の打診買いは1600円前後でもいいでしょうが（もう少し狙うなら1500円前後など）、そこから時間をかけて1250円、1000円、1000円未満……と買い下がっていくプランを立てておりばいいのです。この場合、いくらで買い下がるのかは、それぞれの懐事情に合わせて考えればいい

■「シルバーライフ」のチャート

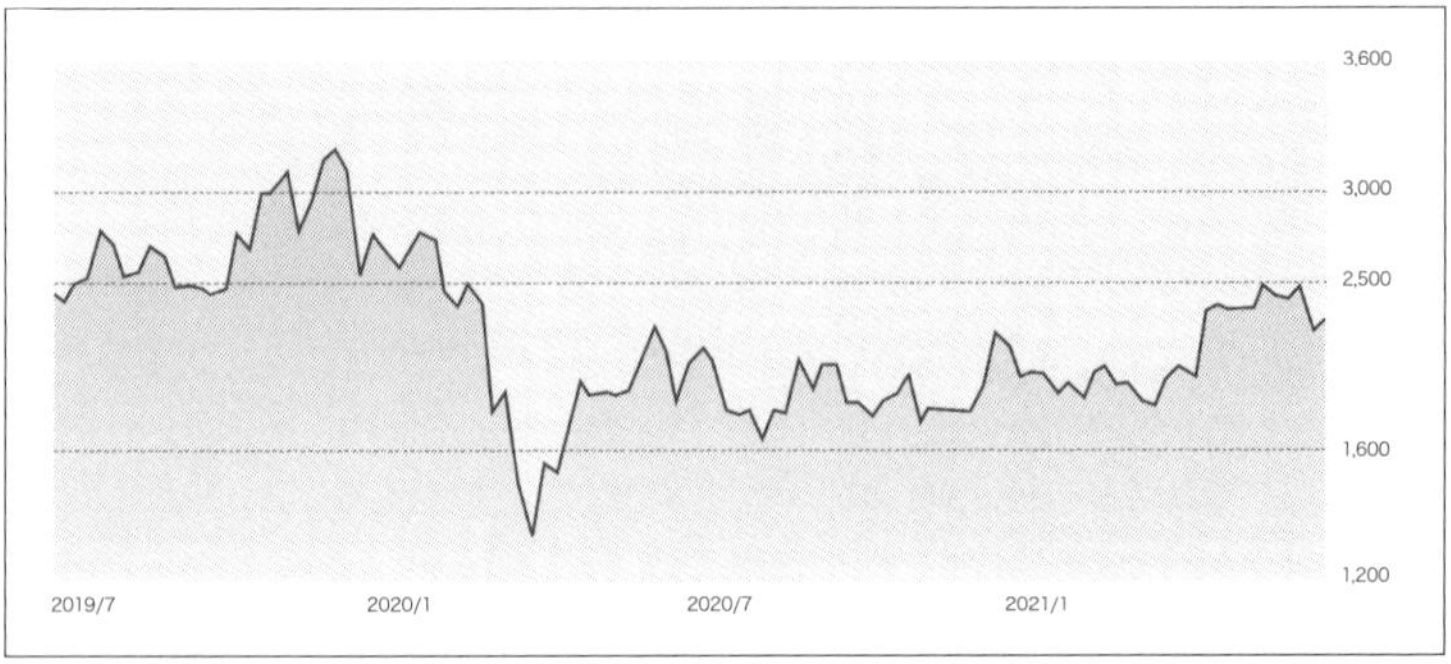

高齢者向け配食サービス事業を展開しているシルバーライフは、高齢化が進むにつれて確実に需要が増えて業績アップしていくと思われる小型成長株。著者がセミナーで紹介した際の株価は1600円前後。そこからすでに約1000円ほど値上がりしているが、その途中では値上がり値下がりを繰り返している。事前に値動きを想定した計画ナンピン（分割売買）であれば、買った後に値下がりしても余裕を持って対処できる。

でしょう。追加資金に余裕がある人なら、少し時間を空けて１５００円でも続けて購入すればいいでしょうし、１４００円、１３００円……と１００円刻みで購入プランを立ててもいいでしょう。

ただし、どちらにせよ、下値の予測はある程度つけておいたほうがいいでしょう。たとえばシルバーライフならば、「上場時の株価１０００円程度までは下げてもおかしくない」と事前に予測して買い下がっていくのです。

重要なのは事前にプランを立てることです。買ったあとにどこまで下がるかは誰にも分かりません。そして事前のプラン通りに株価が変動することも少ないのです。

しかし買う前から値下がりしたときの準備ができていれば余裕を持って対応できます。下げた時にオロオロして慌てないように、事前に購入プランを立てておきましょう。

〝計画的ナンピン〟と〝あてずっぽうナンピン〟

株式投資に〝ナンピン〟はつきものです。ナンピンとは〝難を平らにする〟という意味で、値下がりした銘柄を買い下がる（追加購入する）ことで平均買い単価を下げることです。

ただ、一口に〝ナンピン〟といっても2種類あります。一つは〝計画的なナンピン〟、もう一つは〝あてずっぽうのナンピン〟。どちらもナンピンには違いないのですが、計画的なナンピン（分割売買）と、あてずっぽうのナンピンではどこが違うのでしょう。

それは、「事前に株価が下がることを想定しているかどうか」です。

株価はその時々の外部環境や投資環境によって揺さぶられ、その会社の企業価値が同じだとしても高値と安値と比較すると2倍程度の差があることはよくあることです。たとえば高値2000円、安値1000円とすれば、高値と安値の差は2倍になります。

こうした株価の値動きを想定し、さらにその値幅を利用して買い下がるのが〝計画的ナンピン（分割売買）〟です。先ほどご紹介した買い下がり手法は計画的なナンピンの中でも〝値幅を決めた分割売買〟です。

さらにお勧めしたいのが、買い下がりの値段設定のみならず、追加購入するタイミングも間隔を空けて分散することです。

たとえば、その銘柄の価格が現在1500円前後だとすれば、まず手始めに1500円程度で最初の買いを入れてみる。ただしこの時点では「1000円程度まで値下がりしてもおかしくない」という想定をして手元に資金を残しておくのです。

そして1か月後に1250円で買う。その過程には1100円くらいの安値があったとしてもそこでは買わずに、時間を空けて1か月後に買うのです。そしてまた1か月後に1000円台になったところで買う。この場合は3回に分けて分散投資したことになります。

何回買うかは資金の事情にもよりますが、その銘柄への投資資金を一度につぎ込まずに、何回かに分けて、さらに値段だけを見ずに〝買う期間を空けて〟分散投資するのです。途中で安い値段をつけたとしても、前回購入時点からある程度時間が経過していなければ買わずに様子見します。結果として最安値で買えなくても構わない。株価が再度上昇して少し高くなったところで追加購入しても構わない。そうした考えに基づいて投資するのです。

このように時間を空けて分散投資することで、「安くなったから買おう」と値段だけ見て買うよりも、時間を置いて様子見することで株価の動向もより分かるようになります。

一方、無計画なナンピンは、まず1500円で買う。3日後に1400円になったところで買う。そして1か月後に1300円でまた買う……というもの。これでは、すぐに予定していた投資資金を使い果たしてしまうでしょう。

先ほどと同じように3回に分散して購入はしたものの、下値（1000円程度）を予想していないので、1300円どころからさらに下がったときに手の打ちようがありません。損切りして、さらに値下がりしたところを買い戻すということができる人ならいいでしょうが、私も含めて二流のサラリーマン投資家にはそんな高等戦術は使えません。

おおかた高値でナンピンして資金を使い果たしてなす術なし。あとは上がるのを祈るようにして待つばかりという最悪のパターンに陥ります。投資するうえで、この〝手の打ちようがない〟というのは最もメンタルが悪い状況に置かれます。

〝団子ナンピン〟にならないように時間を空ける

株式用語では買った株のことを「玉」などと呼びますが（特に信用取引では〝買い建玉〟〝売り建て玉〟と呼びます）、ポジションを立てるときに玉が団子状に連なっているのはあまりよろしくないのです。そうならないようにするには時間を空けて買うことです。

株式投資だけでなく、FXでもそうですが、すぐ儲けようと思って投資すると不思議とやられます。〝投資〟とは本当に不思議なもので、「儲けよう」という気持ちが強ければ強いほど、逆に儲からないものなのです。おそらく〝欲〟が出すぎると、どこかで冷静さを欠いてミスをしてしまうのかもしれません。株式投資でも、すぐに儲けようとして短期間に買い付けてしまうと、やられてしまうケースが多いように思えます。

「勝てるナンピン」と「負けるナンピン」

◆計画的ナンピン（分割売買）

⬅ 値下がりを事前に想定

⬅ 値幅を決めて、買うタイミングも適度に空ける

＝

コストダウンしながら買い増し可能

◆あてずっぽうナンピン（無計画売買）

⬅ 値下がりを事前に想定していない

⬅ 値幅も決めず間隔も空けずに適当にナンピン（団子ナンピン）

＝

追加購入資金がなくなり打つ手なしに

【結論】事前に分割購入プランを立てておけば、株価下落にショックを受けない投資家メンタルとなる

株価は短期的にはランダムに動くものなので予想できません。だからこそ一定の値幅と時間を取って投資するのです。すぐに儲けようとすると自分が保有している銘柄が「すぐに上がるだろう」という何の根拠もない思い込みで資金をつぎ込んでしまいますので、株価が下がると想定外の損失を抱えてしまうことになるのです。

株価が下がったらナンピンするという〝無計画なナンピン〟はついついやりがちです。ご説明したようにナンピン自体は分散投資ですから悪くないのですが、どうも投資成績の良くない人ほどナンピンのペースが早いようです。焦らずゆっくり時間を空けて投資しましょう。

その結果、買いそびれてもいいのです。ついつい上がったケースだけを意識してしまいますが、そうでないケースも多いのです。株式相場では株価が下がったり、横ばいで推移するケースのほうが多いのです。

何よりも株式投資は負けないことが大事です。そのためには〝打つ手〟を残しておくことが大事なのです。

〝負け〟を認めることが〝勝ち〟につながる

これから株式投資を始めようと考えている人は別として、すでに株式投資をしている人は現在何銘柄ぐらいに投資しているでしょうか。

3銘柄、5銘柄、10銘柄、いやそれ以上……人それぞれ、その人の投資資金量によっても異なるでしょう。中には〝これ〟という1銘柄に絞って集中投資している人もいるかもしれません。

本書でお勧めしているのは、何銘柄かに分けて投資する〝分散投資〟です。もちろん1銘柄に絞って資金を集中投資すれば、値上がりしたときの儲けは大きくなります。しかしながら私も含めたサラリーマン二流投資家は、プロの専門投資家と比べて投資技術も低く、得られる情報も少なければ分析する能力も低いうえに、投資に費やせる時間も少ないのです。有望な1銘柄に狙いを絞ることなどほぼ不可能です。そうでなくても絶対的な自信を持って買った銘柄が外れることなどしょっちゅう起こります。プロでも難しいことをやろうとしてもしょせん無理。どんなに自信があろうと〝決め打ち〟しないことです。

数銘柄に分けて分散投資すれば、1つの銘柄はダメでも、他の銘柄が上がれば利益が出ます。トータルで考えれば勝てる確率が上がるわけです。

ただし分散させるといっても、何十銘柄も持っていては結局、インデックス投信のように銘柄が分散しすぎて平均化して大きな利益は得られません。そもそも何十銘柄も保有していてはあまりに数が多くて銘柄を管理する手が回らずに個々の銘柄がおろそかになってしまう恐れがあります。

多くの銘柄を保有したいのであれば、インデックス投資のほうが管理も楽ですし、そちらのほうがいいでしょう。インデックス投資よりも良い成績を求めて個別株投資をしているのですから、それには銘柄をある程度絞り込まなければなりません。

そう考えれば、特に投資経験の浅い初級者の方であれば、多くても10銘柄程度に分散させてポートフォリオを組むのがいいでしょう。

〝含み損〟に慣れてしまうと危険

有望銘柄を選定して10銘柄程度のポートフォリオを組んだとしても、10銘柄が10銘柄とも全部上がることはまずありません。個別株投資をしている以上、必ず損失を抱える銘柄は出てくるものです。百発百中といけば苦労しないのですが、そうはいかないのが株式投資です。

特に上場してまだ時間がそれほど経っていない成長中の銘柄であれば、なおさらババを掴む可能性が高くなります。不適切な会計処理を監査法人に指摘されて決算を修正せざるを得ない、業績の見通しが甘く下方修正を出すなど、よくあることなのです。

そうしたリスクを考慮したうえで大きな利益を狙っていくのが小型成長株投資です。失敗株を掴んで損失が出るのは当たり前のことで、そこでどのように対応するかがポイントです。

大きな資金を投入していないなら（株数が少ない）、そのまま保有（塩漬け）しておいてもいいでしょう。将来的な成長性が変わっていないなら、何かのきっかけで株価が再度上昇する可能性もあります。

その銘柄の状況が当初の見込みと変わってしまったのに、そこでナンピンするのは禁じ手です。塩漬けならまだしも、ナンピンしてしまうと本来ならばもっと有望な銘柄につぎ込むべき資金がロックされて儲ける可能性が減ってしまいます。ダメな銘柄に追加投資するぐらいなら、手持ちの有望銘柄や新規の銘柄に資金を使うべきです。

また、回復の見込みのない含み損銘柄を抱えていると、メンタル的にもよろしくありません。自分の証券口座を見るとマイナス表示ばかりで、株式投資自体が楽しくないものになってしまいます。

さらに含み損を抱えるのが当たり前になってしまうと投資家脳に悪影響を与えます。含み損に慣れてしまうと「損をしてもいいのだ」という気持ちが投資家脳の奥深くに埋め込まれていきます。回復の見込みのある含み損ならいいのですが、そうでない場合には危険です。

株式投資は勝負事です。勝負事で〝負け癖〟をつけてはいけません。負けること自体は仕方ないのですが〝負けるのが当たり前〟になっては、勝てる勝負も勝てなくなってしまいます。そうしたメンタルは投資家にとって一番よくありません。

あなたの証券口座はどうでしょうか？　マイナス表示ばかりになっていませんか？　それが計画的なナンピンで、想定範囲内のマイナスであるならばいいのですが、事前のプランと違って想定していないマイナスだと問題です。

とはいえ、この含み損を抱える行為は、ある意味人間本来の行動に従った結果なのです。なるべく苦痛を伴う〝損切り〟という行為は先送りして、利益確定という快感を伴う行為を先にしたくなるのが人間の本能だからです。つまり人間の本能に従って投資すると含み損ばかりのポートフォリオになってしまうのです。

私も株式投資を始めて数年間はずっとそうでした。保有銘柄の株価が少し上昇すると利益を確定させ、含み損になっている銘柄はそのまま放置。さらに利食いした資金を下落している含み損銘柄に追加投資していたのです。

株価の動きにはトレンドがありますから、株価は自分が思ったよりも一定方向に向かうという傾向があります。つまり下落中の含み損銘柄を追加購入すると、さらに株価が下がって損失が拡大する可能性が高いのです。

もちろん計画的なナンピンであれば問題ないのですが、ほとんどの場合には頭にカーッと血が上り、「絶対に損を取り返してやる」の一心でナンピンするのですからうまくいくはずがありません。投資プランもなく、感情のおもむくままに投資しているのですからすぐに含み損が拡大します。そして株価がさらに下落すると諦めの境地に入って塩漬け覚悟。万が一、何かのはずみで株価が買値付近まで戻ってきたら「やれやれ」と売って、たいした利益も取れずに、あるいは少しマイナスで終了。これが私もハマっていた典型的な負ける投資家の投資パターンです。

では、どのようにすれば、このような含み損を抱える悪循環から抜け出すことができるのでしょうか。その方法は、プラスの銘柄を残して、マイナスの銘柄から先に処分するのです。つまり〝損切り〟です。損切りは、自分の判断が誤っていたことを認める行為です。しかも実際に資産が減るのですからできれば避けて通りたい行為です。しかしこの損切りがうまくならないと株式投資はうまくなりません。

〝損切りポイント〟は投資スタイルによって異なる

たとえば含み損銘柄の場合には〝損切りライン〟をどこに設定するかが重要なポイントだといわれます。株式投資では「上手に損切することが投資で生き残る秘訣」とまでいわれていますが、しかし実のところ損切りラインは投資家それぞれで異なっているため、唯一絶対の答えはありません。投資スタイルによっても損切りラインは変わります。たとえばインデックス投資の場合には、長期的にドルコスト平均法でポジションを積み上げて利益を増やしていくタイプの投資スタイルですから、損切りという投資手法はあまり取らないでしょう。

個別銘柄投資の場合にはインデックス投資とは異なるスタンスですので、損切りも含めて投資戦略を立てていく必要があります。

特に、デイトレードをはじめとする短期投資のスタイルであれば、まさに損切りを含めた機動的な投資戦略が求められます。「どのポイントで買い、どこで売り抜けるか？　あるいは損失が出た場合はどこで逃げるか？」を事前に決めておき、自分が決めた通りのシナリオに沿って売買しないと市場で生き残ることはできません。1週間程度のスイングトレードでも、同様に「どのタイミングで買い付けて、どこで手仕舞うか」を決めておかないと、ズルズルと損切りタイミングを逃し、結果として塩漬けになるケースも珍しくありません。

どちらにせよ、短期投資スタイルの場合には、あらかじめ設定した損切りポイントに来たら潔く売って撤退する必要があります。

私が実践している中長期投資のスタイルでも、テクニカル要素を重視するタイプの投資家は、チャートを手掛かりに損切りラインを決めているケースが多いでしょう。チャート分析が得意な投資家だと、たとえばひとつの目安として「平均線を下回る水準まで下げたら売り」とか「3段上げした高値から2割落ちてきたら売り」という独自の指標に基づいて売り時を決めている場合もあります。しかしそれとてすべて正解というわけではなく、売ったあとに再上昇するケースもあります。そもそも私を含めた二流投資家の皆さんには、そこまで自信を持ってチャートを手掛かりに売り時を判断する投資能力は備わっていないでしょう。

私の場合には、保有銘柄の中で損失が出ている銘柄、横ばいが続いている銘柄の中で〝先行きが見込めない〟銘柄であれば順次売却していますが、一般的な投資家と比べると損切りポイントやタイミングは遅くなります。

このように投資スタイルによって損切りライン（あるいは利確ポイント）は異なります。

上がっている銘柄の利益を伸ばす

どんなに長期的に有望な銘柄を探し出したとしても、すべての銘柄が上がるとは限りません。同じように銘柄選択をしても、大きく利益を取れる人と、小さな利益しか取れない、あるいは利益を取れずにマイナスにしてしまう人がいるのです。それはなぜか？

大きく利益を取れる人は、下がった銘柄を損切して、上がった銘柄の利益を伸ばしているからです。成長株であれば2倍になる銘柄もたくさんあります。中にはテンバガーも出てきます。そうした銘柄が出てくれれば、一部の含み損銘柄を損切しても十分に利益は出ます。

たとえば100万円で買った銘柄が2つあるとします。一方は2倍に値上がりし、もう一方は半分に値下がりしてしまった。率でいうと同じ（2倍と2分の1）ように感じますが、実際には「100万円×2＝200万円」と「100万円×1／2＝50万円」となって、利益「100万円」に対して損失「50万円」。利益のほうが50万円多くなります。こう考えれば、たとえ含み損銘柄を損切りしたとしても、利益が出ている銘柄が他にあれば、十分に採算が取れる計算になります。

しょせん我々はプロではありません。サラリーマン兼業の二流投資家なのですから、上がらない銘柄を掴んでしまって当然です。

すべてが上昇すると考えるのはやめましょう。そもそも完璧に上昇銘柄を選べるならば、有望な銘柄に集中投資すればいいのです。ただ、リスクを軽減するために分散投資しているのですから、最初からすべての銘柄が上がることを期待してはいけないわけです。

一部のエース銘柄が著しく値上がりして全体のパフォーマンスを引き上げるのが成長株投資の特徴です。成長株としての条件を満たすと判断して投資した銘柄でも、上がる銘柄もあれば上がらない銘柄もあります。上がらない銘柄があれば、素直に負けを認めて上がる銘柄に乗り換えていきましょう。そうしたほうがメンタル的にもスッキリします。

この方法のメリットは、チャートを見たり、難しい分析をしなくても、損切りができるということです。損失が出ている銘柄があれば、自動的にその銘柄を損切りし、上がっている銘柄に乗り換えていく。上がっている銘柄の利益を伸ばしながら、上がらない銘柄を損切りすることで、ポートフォリオは改善されていきます。

あなたのポートフォリオはどうですか？　自分のポートフォリオを眺めてください。

プラス銘柄が多くなっているようにするのが、正しい成長株投資の方法です。

常にポートフォリオにプラス銘柄が多くなるように意識してみてください。そうすることで負け癖がついた投資家脳から勝てる投資家脳へ変換できます。

■筆者のポートフォリオ

銘柄	保有株数	取得単価	現在値	評価損益
ヒノキヤグループ（1413）	300	1,375	2,566	355,500
エイジア（2352）	200	857	2,130	254,600
カカクコム（2371）	500	1,696	3,410	857,000
手間いらず（2477）	800	4,988	6,420	1,145,600
NF 外 REIT ヘッジ無（2515）	1,700	902	1,158	435,200
ピックルスコーポ（2925）	100	2,150	3,230	108,000
MRO（3064）	600	1,942	2,575	379,800
Hamee（3134）	2,800	1,107	1,681	1,607,200
グリムス（3150）	3,000	1,036	1,812	2,328,000
ホットランド（3196）	100	1,135	1,408	27,300
GA TECH（3491）	1,000	2,857	2,023	△ 834,000
エニグモ（3665）	800	1,242	1,423	144,800
SHIFT（3697）	100	1,155	16,830	1,567,500
ラクス（3923）	2,800	912	2,261	3,777,200
IRJapan HD（6035）	200	296	13,830	2,706,800
シンメンテ HD（6086）	3,300	509	978	1,547,700
オプトラン（6235）	600	2,632	2,536	△ 57,600
野村マイクロ（6254）	500	686	3,850	1,582,000
技研製作所（6289）	600	4,216	4,555	203,400
レーザーテック（6920）	100	8,835	20,630	1,179,500
GMOFHD（7177）	2,000	587	848	522,000
Eギャランティ（8771）	800	1,568	2,260	553,600
スターツ PR（8979）	1	161,133	243,800	82,667
シルバーライフ（9262）	100	2,045	2,419	37,400
日本 BS 放送（9414）	100	977	1,111	13,400
NF 外 REIT ヘッジ無（2515）☆	250	960	1,158	49,500
Hamee（3134）☆	500	587	1,681	547,000
SHIFT（3697）☆	300	4,970	16,830	3,558,000
ラクス（3923）☆	1,200	205	2,265	2,472,000

筆者のポートフォリオを見ると、ほとんどプラス銘柄となっている。「GA TECH」「オプトラン」のみマイナスだが、将来性を見込んで成長株として継続保有中。“成長株”の枠組みから外れた銘柄はポートフォリオから外し（売却）、プラス銘柄の利益を伸ばすのが大きく儲けるポイント。筆者のポートフォリオでは「ラクス」「SHIFT」「グリムス」「IRJapn」など、数本の“エース銘柄”を保有。成長株をじっくり保有し、利益を伸ばしていることが分かる。

勢いよく上がっている銘柄は売るな！

株式投資では「買い時より売り時が難しい」と、よく言われます。確かに買おうと思えば資金さえあればいつでも買えますが、いざ売ろうとするといつ売るかのタイミングが非常に難しい。

利益が出ていれば「ここで売ってもっと上がったらどうしよう」と欲が出ますし、含み損が出ていれば「もっと下がったら困るけど、ここで売った後に上がったら痛い目を見るし」と、思い切れません。あるいは株価がじりじりと横ばいを続けて動かずに、イライラが募って売ったはいいけど売った途端に上昇を開始……なんていう泣くに泣けない展開もあります。

いずれにしろ売り時の判断は難しいものです。結局、最終的には自己判断して売るしかないのですが、売ってしまってから「売らなければよかった」と後悔することは誰しもよくあることです。

では、後悔しないようにするには、いつ売ればいいのか？　ベストのタイミングは？

そう聞かれても一概には答えられません。買った値段、その人の資金状況、銘柄の特性、相場環境……などなど様々な要因があるからです。

結局、「自分なりに納得したタイミングで売るしかない」ということになりますが、成長株投資という大前提に立ったうえで売り時を判断するならば、「その企業自体に問題が生じたかどうか」

を考慮して判断すべきです。先に失敗例として挙げたTATERUやRIZAPグループのように「経営上の問題が生じた」とか「成長性に陰りが見えた」とか、なんらかの問題が発生して、そもそも〝成長株〟という枠組みから外れてしまったならば、その株は売却すべきです。しかし〝成長株である〟という当初の見通しが変わっていないのであれば、粘り強く保有し続けるべきなのです。

もちろん、著しく割高になってしまった時には一部売却する勇気も必要です。せっかくの利益確定のチャンスは逃さず売ったほうがいいでしょう。

その場合でも一度に全株売却しないほうがいいというのが私の経験則です。相場は行き過ぎるものので、どこが天井か分からないからです。あなたは〝天井〟のつもりで売ったとしても、そこからさらにスルスルと株価が上昇していくことはよくあることです。

売却してひとたび逃げるのはメンタルも楽になれます。少なくとも売って現金化すれば「(これ以上)利益を減らしたくない」とか「(これ以上)損をしたくない」という心理を満足させることができるからです。しかしそれでは大きく利益を取ることができません。〝マーケットにいるべき時にはいる〟ということ、粘り強く保有し続けること、それが成長株投資をするためには必要です。

上がっている銘柄は売らずに、上がっていない銘柄を売る

基本的に株式投資家は、すぐに利益を確定してしまいがちです。100円で買ったものが、

105円、110円になっただけですぐに売却して利益を確定してしまう。これは本当にもったいない投資行動です。そのまま保有していれば200円まで上昇していく実力がある株でも、上がる前に売却してしまえば、売ったあとにいくらまで上がろうが〝110円までしか上昇しなかった〟ことと同じです。

そしてやりがちなのが、一番勢いよく上がっている銘柄から売却してしまうこと。あまりにも上昇の勢いがあると「そろそろ勢いが止まって落ちるんじゃないか」「利益が減ってしまう前に売っておこう」と臆病になって、ついつい売ってしまうのです。これは弱気の虫に取りつかれたメンタルに問題ありです。

むしろ逆。売るなら、上がっていない銘柄から売却したほうがいいのです。

なぜ上がっている銘柄は売らないのか？

それは上がっていく銘柄というのは、それだけ売り圧力にも負けずに上昇する材料があるということです。もしも新高値を取ってくるようであれば、そこから先は、すでにその銘柄を持っている人は誰も損をしている人がいない状態ですから、売り圧力が減ってさらに大きく上昇する可能性が高まるとも言えます。

株式投資で大きく儲かるのは、相場が勢いよく上昇する時にポジションを持っている（その銘柄を保有している）人だけです。それは株式市場の取引時間を10とすると〝1〟程度、いえ、1もないかもしれないぐらいの短い時間です。あとの時間はダラダラと横ばい状態で、上がるのをじっく

■「野村マイクロ・サイエンス」のチャート

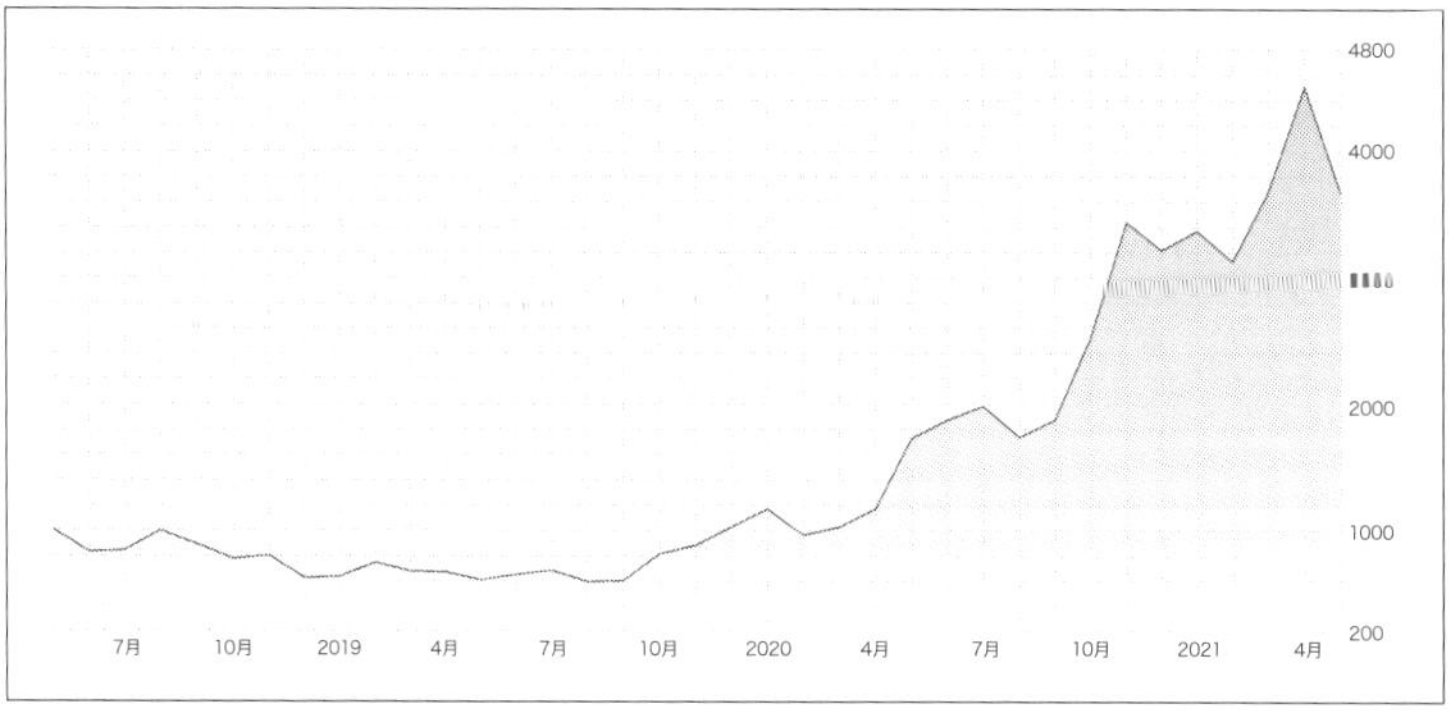

4000円超えでいったんピークを打った野村マイクロ・サイエンスの株価は、調整的な下げで3000円近くまで下げたが、今年3月後半に入ると半導体需要の激増による半導体テーマ関連銘柄の上昇から再度上昇開始。前回高値を抜けて新値更新してからは、さらに力強い上昇を見せている。

り待つしかないのです。

すでにお伝えしたように「株は我慢」です。気持ちよく上がっている時間より、ひたすらじっと待っている時間のほうが断然長いのです。そうであるならば、せっかく上がりだした有望銘柄を上昇途中ですぐに手放してしまうのはもったいない。大きな儲けを自ら放棄するようなものです。

何度も繰り返しになりますが、長期的目線に立った成長株投資は、成長性のある有望銘柄をじっくり持って大きく資産を増やす投資スタイルです。チャンスが訪れた時には逃さずつかまえてください。

狙った銘柄が上がり始めたということは、市場がその銘柄の魅力に気づき始めたということ。そこまで我慢して持っていたのですから、すぐに売らずに粘り強く持ち続けることで大きな儲けにつなげるようにしましょう。

次々に銘柄を乗り換えるのは〝負ける投資家〟の特徴

株式投資に失敗する人の特徴として挙げられるのは〝自分の投資スタンスが定まっていない〟ことです。すべての銘柄が一斉に値上がりして、株さえ持っていれば誰でも儲かるような局面はごくまれにしか訪れません。通常は、様々な銘柄やテーマ株が順番に物色されていきます。業績見通しが同じように良い株が複数あったとしても、その時々のマーケットの状況次第で何が買われるかは変わります。

よくやりがちなのが、手持ち銘柄が値上がりしたらすぐに売却して、次の銘柄を探して買うことです。確かに株式市場には先ほどご説明した通り〝循環物色〟という現象が起こりますから、同時に一斉に上昇するわけではなく、最初に上がる株、次に上がる株……と資金が移動して順番に上昇していくという現象が見られます。

とはいえ、最初に上昇した株を売却して、次の銘柄に行っても首尾よくその銘柄が上がるとは限りません。おおよそ10銘柄に投資して大きく上昇する銘柄は1銘柄か2銘柄程度。率でいえば1、2割程度です。この確率をもとに考えれば、1つの銘柄を当てて、次にまた当てられる確率もまた10分の1か10分の2程度。この確率のものを連続で何回も当てるのは至難の業だということが分かると思います。だから上昇した銘柄はすぐに売却せず大切に利益を伸ばして、売却するなら上がらない銘柄から切っていったほうがいいのです。

慌てなくても成長する銘柄にはいつかは資金が回ってきます。上がっている銘柄を次々と追いかけたくなる気持ちは分かります。できるだけすぐに利益を出したいのが人間の欲求なのですから、上がっている銘柄に飛び乗りたくなるものです。

しかし飛び乗ったはいいけれど、たいていの場合はいったん値上がりした時点でしばらくは売り買いが交錯する横ばいのレンジ相場に移行しますので、買った値段の上に行ったり下に行ったり含み損と含み益を繰り返すというじれったい展開が続います。そうなると、じれったい状況にしびれを切らして、また次の銘柄に移る。これではいつまで経っても大きな利益を取ることができません。

こうした投資メンタルがブレブレの取引を繰り返しているのが〝負ける投資家〟の特徴です。どんなに先行き有望な銘柄だとしても株価が一直線に上がることなどありえません。時に、業績の急上昇と時流（テーマ）に乗るという偶然が重なって短期間で株価が急騰することがありますが、それは狙って取れるものではありません。

できないことをやろうとしても無駄です。業績が安定的に成長して伸びていく成長銘柄を保有して、いつの間にか株価が2倍、3倍に増えていくのを確認するというのがサラリーマン兼業投資家の投資スタイルにはベストです。そうしたスタンスを続けているうちに、3倍、4倍に上昇してくる銘柄がポートフォリオの中に入ってくると、メンタルが楽になって余裕を持って投資できるようになります。

テーマに乗った急騰株は分割して売り上がる

先ほど「時に、業績の急上昇と時流（テーマ）に乗るという偶然が重なって短期間で株価が急騰することがあります」と書きましたが、〝テーマ株〟として市場の注目を集めだすと一気に株価が急上昇することがあります。

こうした場面に出会ったときは要注意です。不思議なもので、そうしたテーマ株銘柄を持っていると〝天まで駆け上がっていく〟ような気持ちになるものですが、これは錯覚です。短期的な投機家の資金が大量に入ってくるため実力以上に株価が上がっているケースがあるからです。

「このままどこまでも上がりそう」という〝錯覚〟を感じたら、脳内でアラートを鳴らしてください。いつまでも上がり続ける株はありません。ブームが去った株は、ブームが終われば下がります。ブームが去った株は高値から半値になることも珍しくありません。いくら中長期で目をつけた成長株であろうと、こうした値上がり局面では売ったほうがいいでしょう。

その場合、一括で売却せずに、様子を見ながら分割で売っていく手法をお勧めします。つまり〝売り上がり〟という手法ですが、一部で利益を確定しながらさらに値上がりも狙えます。逆に値上がりが止まって下落し始めたとしても、一部は利益を確定しているのでいつでも売ることができます。

この〝利益を確定している〟という状態にいることが大事で、その結果メンタルが落ち着いて冷

■「Hamee」のチャート

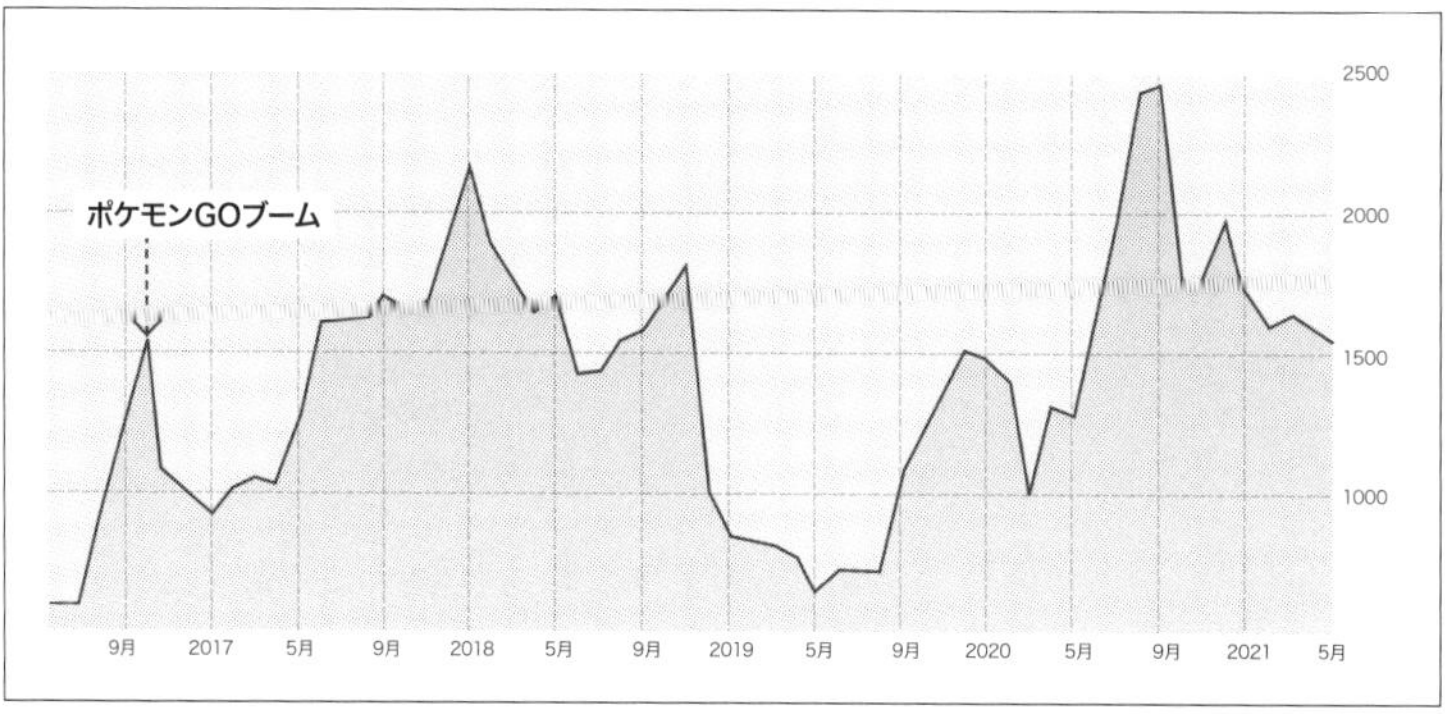

2016年7月、ポケモンGOが発売されると大ブームになり、関連株としてHameeも急騰。1000円以下だった株価は一気に1500円以上まで急上昇。しかし、材料を織り込むと再度1000円以下へ急落。このようにテーマに乗った株価の一時的な急騰は“正当な上昇”ではないため、行き過ぎた株価は元の位置へと戻る傾向にある。

静な投資家脳でいられるのです。

ここでは私の保有銘柄のうち「Ｈａｍｅｅ（３１３４）」の例を挙げておきます。

Ｈａｍｅｅは２０１６年７月に、当時話題を集めた〝ポケモンＧＯ〟関連でモバイルバッテリーのニーズが急増するという思惑から〝スマホ関連銘柄〟というテーマに乗って株価が一気に急騰しました。それ以前にも株価が急騰したことはありましたが、それは利益水準が大きく変わったことを織り込んだことによる上昇で、ある意味〝正当な上昇〟でした。

しかしポケモンＧＯの時の急騰は明らかに行き過ぎでした。完全にブームに乗った一過性のもので、想定外の急騰劇でした。結局、ポケモンＧＯがリリースする直前にピークを打ち、その後株価は高値から半分まで真っ逆さまに急降下していきました。

結果的にはその後、株価は再び上昇に転じ、ポケモンＧＯで急騰した時点の高値を抜いていますが、それ

保有銘柄の利益をできるだけ伸ばす

◆負ける投資家の特徴…投資スタンスが決まっていない
上がっている銘柄を次々と追いかける
▽飛びつき買いして損切りの繰り返し

⬅

投資メンタルがブレブレの取引

⬅

◆勝てる投資家の特徴…投資スタンスが決まっている
保有銘柄の利益をじっくり伸ばす
▽中長期保有で2～3倍に

⬅

余裕を持ったメンタルで投資

【結論】 上昇した銘柄はすぐに売却せず、大切に利益を伸ばして、売却するなら上がらない銘柄から切っていく

はあくまでも結果論です。一部は売って利益を確定しておくべきでした。

明らかにその銘柄に市場のスポットライトが当たっている状況になることがあります。小型株であればあるほど値動きは激しくなります。

もしもいきなり急騰を始めたら、そのネタ（テーマや材料）の賞味期限を考慮して、少しずつ売却していきましょう。たいていのケースでは、あとで割安で買い戻せるパターンが多いものです。Ｈａｍｅｅにしても、その企業の成長性に自信を持っているならば、ブームに乗って急騰した局面でいったん売っておいて、テーマ株熱が冷めて落ち着いたところで再度ゆっくり買っていけばいいのです。

時間を味方につける中長期投資ではこうした取引の方法もあるのです。

長期保有で〝テンバガー〟を狙え！

株の世界では大成功例を〝テンバガー（10倍）〟などと言いますが、成長株と見込んだ銘柄を〝長期投資〟と決めて購入しても、一つの銘柄を長く持ち続けることは意外にも難しいことです。

株価はある朝起きてみたらいきなり2倍や3倍になっているわけではなく、「1・1倍→1・2倍→1・3倍……→2倍……」というプロセスを経て徐々に上昇していくものだからです。

その上昇過程において常に「利益を確定したい」という欲求に抗って、我慢して売らずに持ち続けて利益を伸ばしていくのは大変です。動きがない株をじっと耐え忍んで持っていてやっと2倍になったとしたら、売って利益を確定させたいのが人間の心理。

そこで売らずに持っているのは、投資家としてのメンタルが相当強くなければできることではありません。なぜなら人間は「利益は早く確定したい」「損失はできるだけ確定せずに先延ばししたい」という本能的な欲求があるからです。

もちろん利益が出ているならどこで売っても成功ですが、売ったあとに株価がどんどん上がっていくのを見るのは辛いもの。せっかく儲けたのに、なんだか損した気分になってしまいます。だから利益はできるだけ伸ばしたい。チャンスはできるだけ大きくものにしたい。

では、そのためにはどうしたらいいのか？

ここでは利益を伸ばすための投資家のメンタル、およびどうしたら利益を伸ばせるのかについてご説明したいと思います。

株価が2倍になると売りたくなるのが投資家心理

株式の上昇過程において、一直線に株価が伸びるのはＴＯＢ（公開買い付け）のような特殊なケースを除いてありません。通常の株価は上がったり下がったりを繰り返しながら上昇していきます。どんな成長株であっても、チャートを見れば必ず上げと下げの波動があります。

例としてエムスリー（２４１３）をご紹介しましょう。

同社は２００３年に東証マザーズに上場。その後も順調に事業領域を広げて業績も拡大し、国内だけでなく世界中の医者が利用するメガプラットフォームになっています。今ではエムスリーのプラットフォームなしでは医療関係者が転職することも必要な情報を得ることも難しいほどです。

今や世界的なメガベンチャーとしての地位を確立、株価も７０００円台（２０２１年6月中旬現在）という高い値段を付けているエムスリーですが、その株価動向は一貫して上昇し続けてきたわけではありません。

２００３年の上場以来、２０１１～12年あたりまで、約10年近くも株価はほぼ横ばいで推移して

■「エムスリー」のチャート

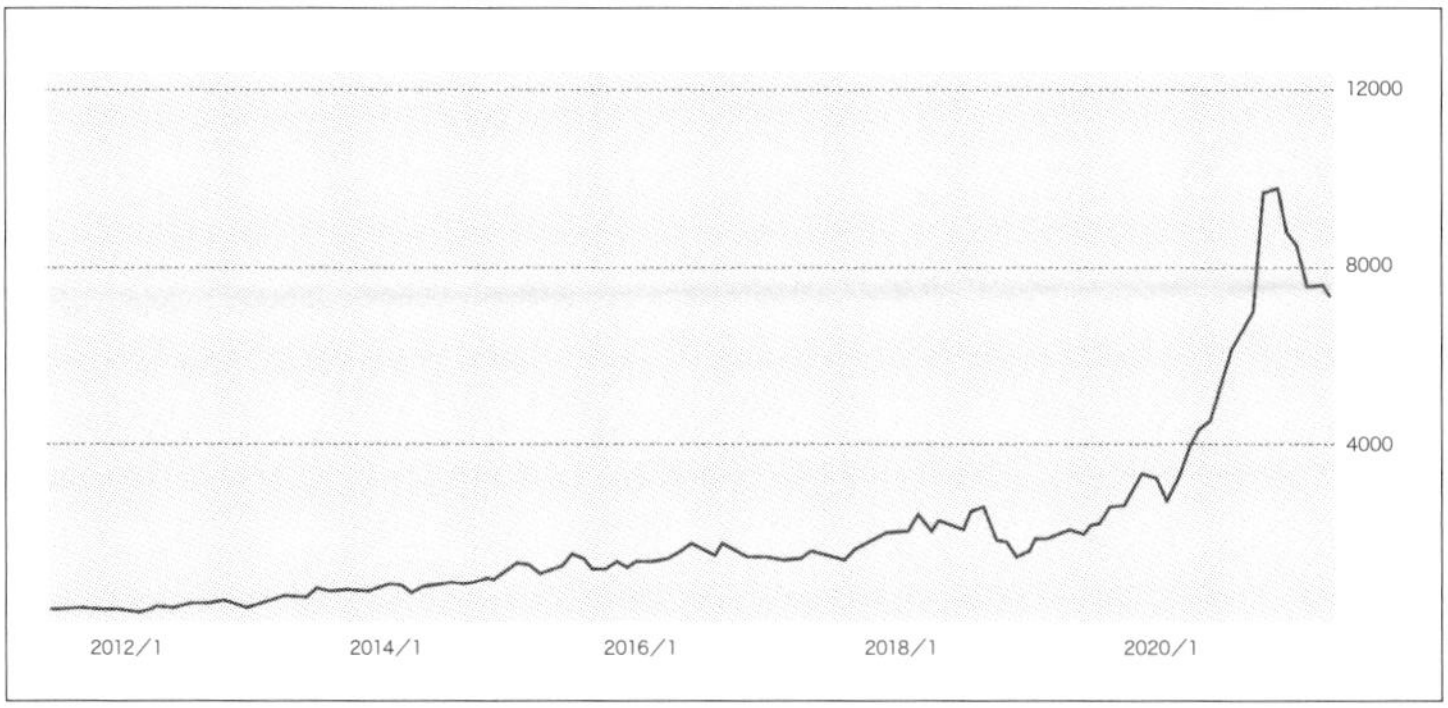

マザーズ上場から10年近くほぼ横ばいで推移していた株価は2013年から徐々に上昇を開始し、2019年からは急角度で上昇。10000円を超える高値を付けた。レンジ圏でのスイングトレードだと、レンジ圏を超えた上昇局面で乗れないことも多く、結果的に一番オイシイ上昇場面を逃すことになりかねない。

いました。13年以降の株価の動向と比べると動きが少ないことが分かります。

13年あたりから動き出したエムスリー株は、徐々に上昇スピードを上げ、19年頃から一気に上昇スピードがアップ、急角度で上昇しています。とはいえ、これは後からチャートを見て分かることで、上昇過程の真っ只中にいる投資家には予測できません。

私がそうでした。それまで何度も同じようなレンジ圏で株価が推移しているのを見ていれば、そのレンジ内の高いところで売って安いところで買い戻したくなります。一見動きがないように見えても、その期間だけを見れば、当時もその価格帯の中で上下にそれなりに動いているのです。しかもそれまで横ばいだった銘柄が2倍程度まで上げてくれれば売りたくなります。

どうやら価格が2倍になってくると売りたくなるのが投資家メンタルのようです。実際に私もそのように取引しました。ところが、ある時点から株価は成長性を急速に織り込み始め、利確した投資家をあざ笑うかのように置きざりにして上昇を開始します。

こうなるとなかなか買い戻しできません。

以前のレンジ圏での株価の動きを知っているだけに予測を超えて値上がりした株に手が出ないのです。あとはただただ値上がりする株価を歯ぎしりしながら見守っているだけ。

エムスリーの株価もそれまでのレンジ相場がウソのようにスルスルと値上がりし、２０２１年の1月には1万円という高値を付けました。

「もしもあの時手放さずに持っていれば……」と後悔しても始まりません。「利益は出たんだから良しとしよう」と自分を納得させようとしても納得できるものではありません。まさに後悔先に立たずです。

結局、エムスリーの株価は上昇を開始した13年当時の４００円程度から大台を２つ変えて、なんとテンバガーを超える〝25倍バガー〟もの暴騰銘柄となりました。

2倍になったら半分売って利益確保

このように成長性を見込んで買った成長株でも、大化けするまで持ち続けることはなかなかできるものではありません。では、どのようにすればエムスリーのような大化け株を握力を強くして持ち続けることができるのでしょうか。

大切なのは前提として次のように考えておくことです。

「大化け株を最初から最後まで持ち続けるのは難しい」

そういう認識に立って投資すべきなのです。

〝持ち続ける〟ために〝持ち続けるのは難しい〟と思えというのはなにやら逆説的ですが、しょせん我々は二流の兼業投資家なのですから「どこまで上がるか」あるいは「どこで上がるのが止まって下がるのか」など見分けることは不可能です。

しかも成長株は株価が大きく調整する（下げる）ことがありますから、いかに調子よく上昇しているとしても〝下落のリスク〟は常につきまとっています。株価の上昇に気をよくして「まだまだ上がるだろう」などと脳内麻薬が出て浮かれたメンタルでいると、いきなり急落してあっという間に買値付近まで戻って利益が吹き飛んでしまう。そんな悪夢もよく起こります。ゆめゆめ浮かれることなく〝下落のリスク〟を常に頭の片隅に入れながら投資することが必要です。

それでは現実的な投資手法としてどうしたらいいのか？

ポピュラーな手法としては〝2倍になったら半分売る〟という戦略です。2倍になった株を半分売れば、手元に残った株は実質〝コストゼロ〟になりますから、万が一その企業が倒産して株価が0になったとしてもプラスマイナスゼロで損はしません（手数料分はマイナスですが）。現実的には潰れる可能性は低いでしょうから、あとはどこで売っても利益になります。「とりあえず利益を確保した」つまり「儲かった」という安心感は、その銘柄を持ち続けるためのメンタル強化にもつながります。

もちろん全株保有し続けていた場合と比べれば、そのあと値上がりしたとして利益は半分になってしまいますが、2倍とはいわずとも上昇過程のどこかで利益をある程度確保しておくことは大切です。「ああ、あの時売っておけばよかった……」とならないように、下落のリスクを軽減することは成長株投資の戦略として必要です。成長株すべてがエムスリーのように何倍にも大化けするわけではないのですから。

長期保有で〝50倍〟の大化けも

逆に成功した例を挙げてみましょう。現在も保有しているＩＲ Ｊａｐａｎ（６０３５）です。この株式を最初に買ったのは２０１６年2月。すでに5年以上保有しています。

当時は〝割安な成長株〟という位置づけで、試しに４００株だけ２９６円で購入しました。その後業績が伸び続けた結果、現在の株価は１５０００円をつけています。

この会社は、企業のＩＲ（Investors Relation）とＳＲ(Shareholders Relation)を対象にコンサルティングを行う会社です。最初はなんとなく、私が勤めている会社と業界的にも近いので購入したのですが、配当金の利回りは３％程度ありましたし、購入金額は12万円程度ですから、気楽に保有を続けました。

そのうち私は会社内の異動でコーポレート部門に配属となり、株式決済や株主総会の仕事をするようになりました。そこで分かったことは株主に関連する実務というのは多岐にわたっており、株主の情報を把握し続けるのが大切だということでした。

会社経営は、株主の意向に沿って行われます（少なくとも建前上は）。主要な株主がどのような人で、どのような目的で株式を保有しているのかによって、経営方針にも影響が出てきかねません。「もっと配当を出してほしい」、「不採算部門を切り捨ててほしい」などといった声が大きければその声を聴かざるを得なくなってきます。最近では合理的だと判断すれば、その他の株主も株主提案に同調して、株主が提案した議案が通ってしまうこともあります。なるべく株主とコミュニケーションを取って経営をしていくためにも、誰が株主なのかを常に調べておき、保有株数の変化に目を配っておくことは経営企画部門の大切な役割なのです。株主は直接名前が出ている場合もありますが、信託銀行の名前で実質的な株主が一見しては分からないこともあります。法人が保有している場合は、税金の関係で二重、三重に株主が隠れていることもしばしば。

そこでＩＲ Ｊａｐａｎが提供する〝実質的な株主を調査するサービス〟は企業にとって大変役に立つのです。その他には、ＴＯＢ、ＭＢＯ、その他新株予約権の発行などといった実務も行っており、中・小規模の上場会社にとっては頼りになる存在なのです。

こうしたビジネスは一度利用すると便利なので、契約を続けてもらいやすいというメリットがあります。また、法人を相手にした商売でかつ、１件の単価が数千万円と高いので売上の伸びも期待できます。会社の看板商品、知名度を上げるためのサービスとして実質株主調査を提供しつつ、知名度が上がるにつれて支配権争奪戦、アクティビスト、ＭＢＯといった案件で稼ぐという体制ができ上がっています。特定の銀行グループに属していない独立系のコンサルティング会社というのも強みの一つです。さらに顧客との対話から、さらに商売のネタを増やしていけるというメリットもあります。今後株式市場がしばらく活況が続くことが想定される中で、同社の果たす役割は引き続き大きいと判断しました。

社長の寺下史郎さんは何を隠そう日本のＩＲ活動の第一人者で、30年間ＩＲ活動の第一線で活動してきました。日本における企業統治（コーポレートガバナンス）を向上させ、企業価値を高めるために設置された経済産業省「企業価値研究会」で、設立当初から現在まで委員として活動しています。同社について調べていくにつれて〝長期的に成長していく企業〟であると確信した私は、長期投資をすることに決めました。

購入後、ＩＲ Ｊａｐａｎの株価はしばらく横ばいを続けていましたが、やがて緩やかに上昇し始めました。そして株価が倍になった時点で半分売却。実質的な取得単価をゼロにしたことで、余裕を持ったメンタルで同社の活動の応援を兼ねて長期保有できるようになりました。

私が購入した時には時価総額が50億円程度の会社でしたが、その後あれよあれよと株価は上昇し、今では時価総額２５００億円レベルの会社になりました。株価で見ると、３００円で買った株が１５０００円ですから、テンバガーどころか、なんと50倍！　私の保有銘柄で一番の大化け株とな

■「IR Japan」のチャート

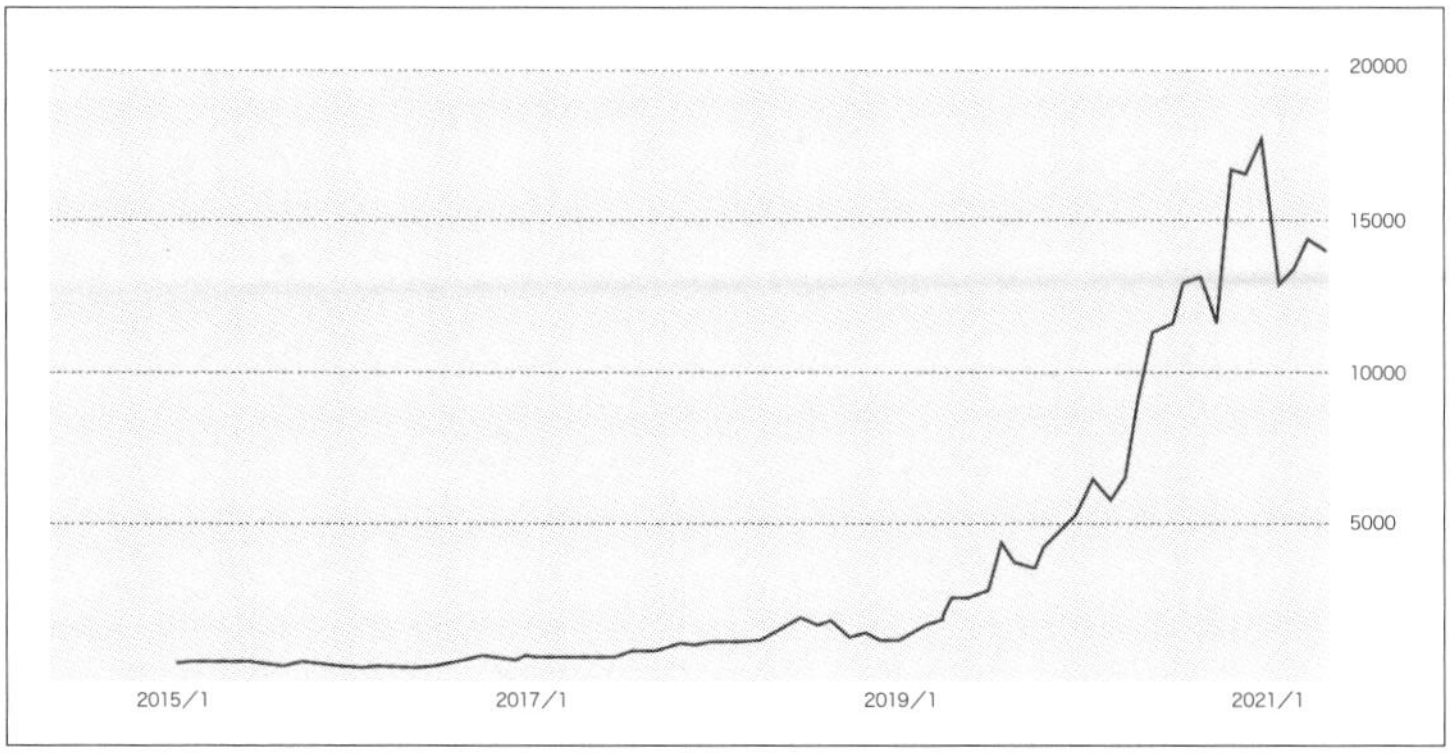

テンバガーどころか“フィフティバガー”となったIR Japan。株価が倍になった時点で半分売却し“コストゼロ”にしたことで余裕のメンタルで持ち続けることができた成長株投資の典型的な成功例。

りました。

おそらく消費者脳であれば、ここまで持ち続けることはできないでしょう。私も長期取引を心がけていなければ、値上がりして早々に売って利確していたはずです。長期チャートで見ると、一見順調に上昇し続けているように見えても、短期間で見れば、やはり上下動はありますから株価の値ブレにメンタルが揺れて売ってしまうケースはよくあることです。

私がここまで保有できたのは、半分だけ売却して投資資金を回収したからです。

「もし半分売っていなければ倍の儲けになっていたじゃないか」

そう考える人もいるでしょう。

確かにそうですが、半分売っていなければ、間違いなくここまで保有することはできなかったでしょう。〝コストゼロ〟であるという事実が、精神的な余裕を生み、安定したメンタルで長期保有を可能にしたのです。

ＩＲ Ｊａｐａｎのように50倍に成長する大化け株はそうそう現れませんが、成長株に投資して長期保有をしていると、その会社の成長につれて株価も大きく居所を変えていく株が出てきます。そうした出世株に出会うには、売りたくなる気持ちをグッと抑えて我慢して持ち続けることです。

ただし、前述した私の大失敗銘柄ＲＩＺＡＰグループやＴＡＴＥＲＵのように、持ち続けてはいけない株もあります。成長株と見込んだからといって、何でもかんでも長期保有すればいいというわけではないのです。

成長株を保有し続けて利益を伸ばすには〝増収増益〟基調であることを確認し続けていくということも必要になります。

企業の株価は最終的には〝どれだけ稼ぐことができたか〟つまり利益水準に左右されます。成長株の場合、「今後も業績が上向くだろう」という期待が株価を押し上げていきますから、増収増益が続く間は株価が上昇していきます。この増収増益基調が崩れない限りは保有し続けることで利益を増やすことができます。ただし、その基調が崩れたり、増収増益であっても当初の見込みより成長率が下がると株価の上昇も止まり下落します。

成長企業に投資する成長株投資では、その企業に何らかの変化が生じて、右肩上がりに上昇していた株価のトレンドが変わり明らかに値下がりしてきたら、ある程度下落したところで売ることを事前に決めておいたほうがいいでしょう。たとえば「高値から２割下落したところで売る」などのリリースポイントを設定しておけば、ズルズル落ちていくのを持ち続けて損が拡大する（あるいは利益が減少する）のを防ぐことができます。それが損切りであったとしても設定価格まで落ちたら売る。そうしたディフェンシブなメンタルを持つことも大切です。

たとえ何の悪材料も出ていないとしても、右肩上がりの上昇トレンドが崩れて株価が落ちていくのは何かを暗示している場合があります。それは表には出ていない業績の悪化なのか、不祥事などのトラブルなのか……その時点では明らかでなくても株価の下落にはなんらかの理由が隠されているケースが多いもの。設定した価格まで落ちてきたら躊躇なく売ることが自分の身を守ります。

そのような不測の事態を避けるためにも、成長株投資では一定のところで利益を確定させておくというプランを持って売買する必要があります。すべての成長株が2倍、3倍と値上がりするわけではなく、途中で下落してしまう銘柄も多いのです。だからこそ値上がりしたら一部を売る、2倍になったら半分売ってコストゼロにする、そうして利益を確定させながら、増収増益を確認したうえで、さらに手持ち株で利益を伸ばすという戦略が有効です。

成長株は常に魅力的な成長ストーリーを持っていますから、銘柄に惚れてしまうこともあるかもしれません。その企業の成長を信じて持ち続けることも必要ですが、しかし一方では投資家である以上、どこかで冷静な視点を持っていることは株式市場という生き馬の目を抜く相場で生き残っていくうえでの必須条件です。

銘柄の成長ストーリーに惚れ込みすぎることなく、冷静に企業の成長を見極めるメンタルを持ちましょう。

テンバガーをものにするメンタル術

◆勝てる投資家

成長銘柄を発掘して購入
⬅保有銘柄の株価が2倍になったら半分売却して利益確定し〝コストゼロ〟に
⬅握力を強くして保有
⬅**余裕のメンタルでテンバガー狙い！**

※冷静に企業の成長を見極め、上昇基調が崩れたら売却（銘柄に惚れすぎない）

【結論】 大化け銘柄をものにするには〝冷静でディフェンシブなメンタル〟も必要

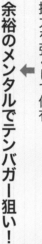

おわりに

「知っていること」と「実行できること」は違う

最後までお読みいただきまして、誠にありがとうございます。

本書は、私が現役の一個人投資家として、中・小型株投資を通じて得られた気づきをまとめて一冊にしたものです。

株式投資は実践してナンボ、儲けてナンボの実学です。

いかに有利な投資手法であったとしても、その手法をブレることなく実行することができなければ、株式投資では何の意味もありません。そして、ブレることなく実行するためには、そもそもマインドセットが準備できていなければ、分かっていても思うように手が動かないものです。

他の言い方をすれば、「投資で資産を作るにはどうすればいいのか」ということを常日頃の行動一つ一つに落とし込んで行動できるようマインドセットを変えていくこと。一般脳から〝投資家脳〟に切り替えるからこそ、ブレることなく自分の投資手法を実施できるということです。

そのためには、無駄な支出を抑える、給料からの天引きで投資資金を確保するといった日常の細かい話から、目的金額を達成するまでは再投資を続ける、時間をずらして分散投資する、株価は長期的には収益に見合った水準に落ち着くことを信じる、余計な評論家の意見をシャットアウトする、失敗を恐れるのではなく少額で積極的に経験する……といった投資のセオリーを当たり前のようにできるようになって初めて、個別株式投資で成果を出すことができるのです。

本書を読んだからといって、すぐに投資がうまくなるとは限りません。いくら頭で分かっていても、「知っていること」と「実行できること」は別だからです。

そのことは十分に承知したうえで、株式投資をこれから皆さまが経験されていく中で、様々な気づきを得られるような、長期的にじんわりと役に立つ内容を目指して本書を執筆しました。

本書は、折に触れて読み返していただくことで、自分の経験と照らし合わせて「あの時、長田が言っていたのはこういうことだったのか！」という深い気づきを得ることを狙っています。

自分で腑に落ちた体験談が〝投資哲学〟として頭にインプットされているというのは、とても心強いものです。迷った時に自分で立ち返るべきところがあれば、ブレることなく投資を続けていけるからです。

最後に一つ、私が株式投資で大切だと思っていることを申し上げます。

「とにかく続けてください」

このことに尽きます。

長期的な成功を信じて、無理のない範囲で、10年単位で投資を続けること。

〝続けること〟が、株式投資で成功する最大の秘訣です。

皆さまが長期的に投資を続ける中で、気づきを得るヒントを本書から一つでも見つけていただければ著者として望外の喜びです。

末筆になりますが、株式投資の勉強会でご一緒している三浦さん、普段より経済番組でご一緒している㈱オンザボード代表取締役の和田さん、株式投資勉強会や中高生向けの勉強会の参加者の皆さま、そのお手伝いをしてくださる皆さま、本書のコンセプト・内容に多数のアドバイスをいただきました21世紀BOXの鈴木さん、そして何より本書を手に取っていただきました皆さまに、心から御礼を申し上げます。

2021年7月吉日　長田淳司

特別付録

狙い目「厳選成長株」20銘柄

※企業トップの名称は多岐にわたるが、社長で統一。
※「現在価格」は2021年5月末現在のもの。「目標株価」はあくまでも目安。
値上がりを保証するものではありません。
※分散投資を基本としているため、小型株以外の成長株を含みます。

エアトリ（6191）

業種	サービス業	社長	柴田裕亮

現在価格
2,880円 → 3,500円
目標株価

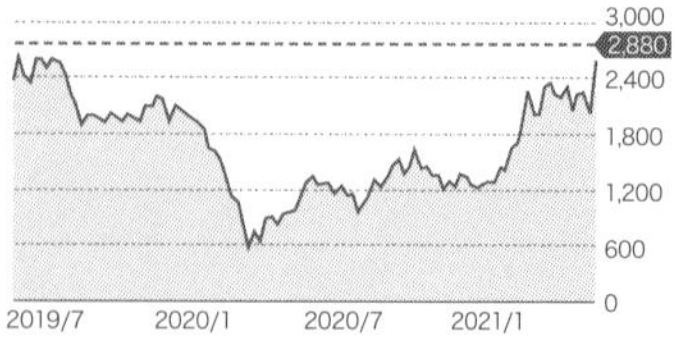

国内最大級のOTA（オンライン予約業者）。国内すべての航空会社とチケットの販売契約を締結しているほか、国内・海外旅行部門を持つ。顧客への直販だけでなく、他社へのチケット卸販売も強み。店舗を持たないオンライン特化型であることと、販売後仕入れ形式でチケットを抱え込まないビジネスモデルのため、資金効率に優れているのが特徴。最近では、祖業である旅行代理店業のほか、オフショア開発事業、投資事業など複数の事業を育成しており、2021年3月決算（第二半期）で営業黒字を計上。コロナ禍がたとえ長引いたとしても、同社はすでにそれを前提としたビジネスモデル転換を果たしたことを示した。とはいえ、市場の評価はOTA銘柄。新型コロナウイルス収束後の国内外の旅行バブルに乗ることができる本命銘柄。コロナ禍のためビジネス需要はしばらく戻らないが、旅行バブルで発生するLCC（格安航空会社）の予約は飛躍的に増加するため恩恵を受けるだろう。

シルバーライフ（9262）

業種	小売業	社長	清水貴久

現在価格
2,520円 → 2,800円
目標株価

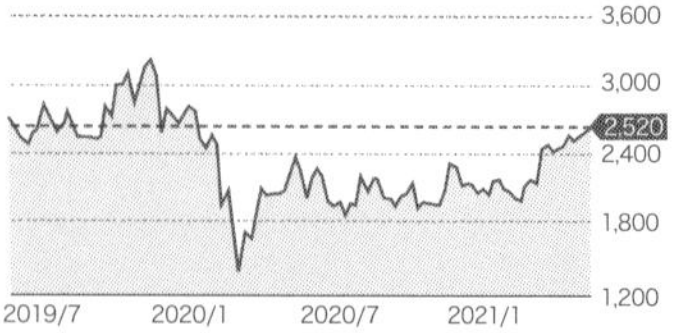

高齢者向けの宅配弁当大手。宅配弁当を購入する高齢者の購入原資は限られた年金であり、弁当への付加価値が一切付けられない。どれだけ経営効率を上げて安い価格で品質の良い弁当を提供できるかが勝負を決する世界。今後、高齢者向けの宅配弁当市場が拡大することは人口動態から確実で、市場拡大時に受注を取り逃がさないよう大規模弁当工場を建設中。メインブランド（まごころ弁当）とサブブランド（配食のふれ愛）でフランチャイズを積極的に募集して急速に店舗網を広げることで大量生産・大量販売体制を確立することを狙っている。さらに宅配弁当で一番の障壁となる店舗から配送まで自社スタッフで宅配できることも強み。コロナ禍での宅配による感染リスクを避けるために開発した冷凍弁当が想定以上のヒットで、今後も収益に貢献。社長が高齢者向け宅配弁当販売のプロであり、かつコンサルティング会社出身なので企業の成長ストーリーが分かりやすい。

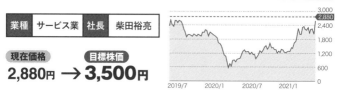

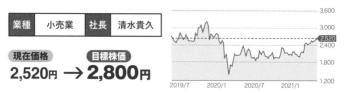

レアジョブ（6096）

業種	サービス業	社長	中村 岳

現在価格
1,805円 → 2,800円
目標株価

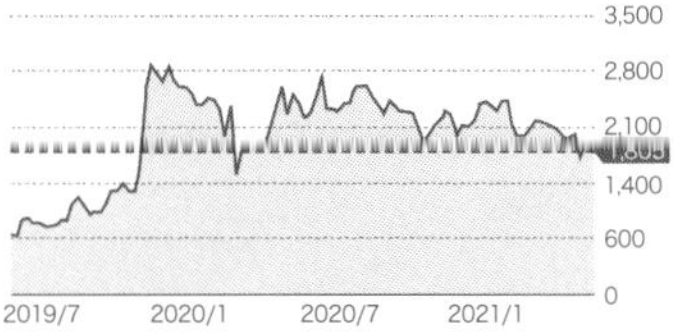

オンラインでの英会話熱の高まりをとらえて、英語を勉強したい日本人とフィリピン人英語講師をマッチングさせるビジネスモデル。英語教師はウーバーイーツ配達パートナーのように個人事業主で好きな時間に働いている。レッスンを受講する側も好きな時間に予約を入れることが可能。英会話を教える側と学ぶ側が多数同じプラットフォームに集まっているからこそ成立する講義形態であり、給与面でも柔軟な働き方を提示している。いかに質の高い講師をいかに多数抱え込むかがポイント。筆者もレッスンを半年受けた経験があるが、質の高い講師が多く、いわゆる外れの講師は少ない。とはいえ、人気の講師は数日前から予約しておかないと取れない。最近は新型コロナの影響で他業種からオンライン英会話講師に業種変更する講師も多く、採用には追い風。今後は、レッスン単価が高いビジネス英会話コースをパッケージで売り込める法人取引がどこまで拡大できるかがポイント。

エスプール（2471）

業種	サービス業	社長	浦上壮平

現在価格
882円 → 1,500円
目標株価

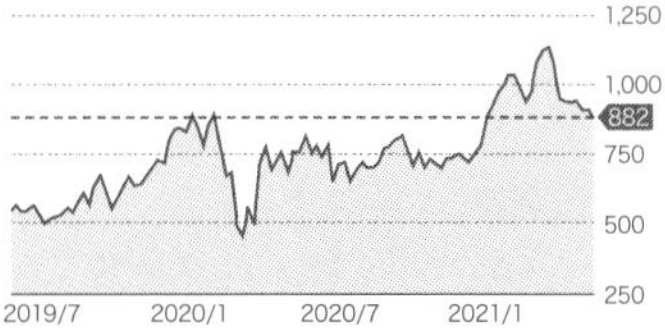

コールセンター、販売支援などの人材派遣が主力ながら、常に10年後の社会変化を意識して新規事業を生み出している。単一派遣事業を展開していたリーマンショック当時に倒産しかかった経験を糧に、コアとなる企業理念は維持しつつ毎年新規事業の展開を進めるなど、祖業である人材派遣業が傾いても、次第に業容を変化していくだけの事業開発力があるのが強み。足元では経営環境の大きな変化に対応するためのアウトソーシングニーズの高まりを背景として、人材派遣事業は活況が続いている。もう一つの主軸事業である「はぴねす農園事業」では、知的障がい者が生きがいを持って働けるよう、農業分野での就労をサポート。障がい者雇用義務が拡大される中、雇用した知的障害のある従業員にエスプール社の“わーくはぴねす農園”で働いてもらうビジネスモデルは他社にとっても利便性が高い。

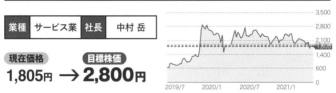

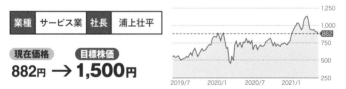

エニグモ（3665）

業種	情報・通信	社長	須田将啓

現在価格
1,311円 → 2,700円
目標株価

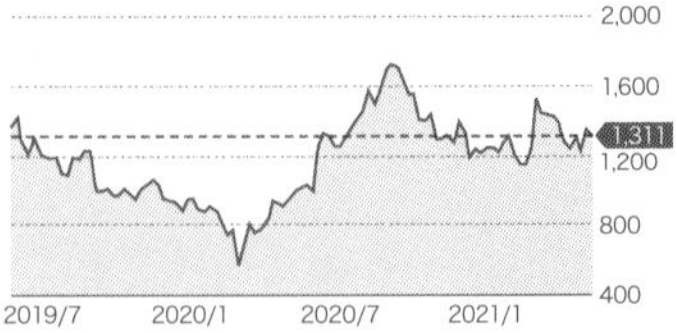

海外通販マッチングサイトBUYMA（バイマ）運営母体。国内の消費者と海外在住のパーソナルショッパーを結びつけて、BUYMA上で世界中の商品を購入できるという体験を提供。ファッション分野に特化したニッチなプラットフォームであり、性質上、勝者総取りの色彩が強いビジネスモデルのため、国内に強力なライバルは見当たらず当面エニグモの成長は続きそう。ユーザの購入件数を増やすことをベンチマークとして、細かくスマートフォンアプリのリコメンド機能を最適化するなど、運用改善を地道に続けている。長年試行錯誤してきた海外展開も米国を中心に芽が出始めており、ファーフェッチなどに肩を並べるグローバルな認知度が出るか。また、BUYMA TRAVELという旅行体験マッチング事業を育成中。新型コロナウィルス禍で事業の成長は停滞を余儀なくされているが、新型コロナ収束後、訪れるであろう海外旅行バブル銘柄として物色される局面も。

ミンカブ・ジ・インフォノイド（4436）

業種	情報・通信	社長	瓜生 憲

現在価格
3,890円 → 5,000円
目標株価

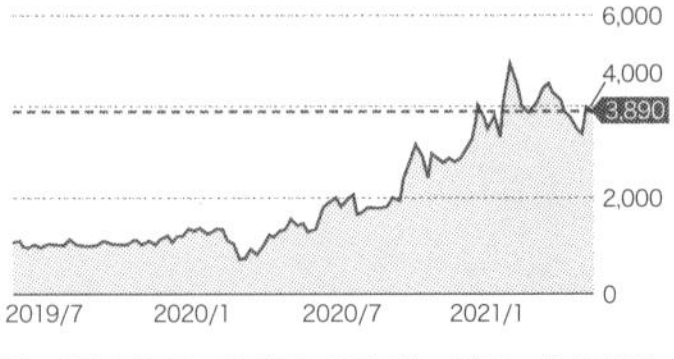

みんかぶ、株探を運営している。膨大な金融・経済分野の情報をAIやビッグデータを駆使して、投資家向けニュースとして配信。即時性と網羅性を特徴とする情報配信サービスを提供している。会社名＋株価や銘柄コードを入れると以前はヤフー掲示板が表示されるのが当たり前だったが、みんかぶの情報がGoogle検索上位に挙がってきている点から考えると、それだけ価値がある情報サイトとして投資家に認識されている証拠。日経新聞・クイックとの提携も発表しており、その情報収集・加工能力は『日経新聞』も認めるところである。少々ユニークな社名は情報（Information）と執着する者（Noid）を組み合わせた“情報にこだわる者”という意味の造語。金融・経済情報のリーディングカンパニーとしての地位を確立したあとは、AIやビッグデータを利用したビジネスモデルを他分野にも広げていく展望を持つ。

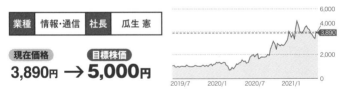

レノバ（9519）

業種	電気・ガス業	社長	木南陽介

現在価格
3,595円 → 4,200円
目標株価

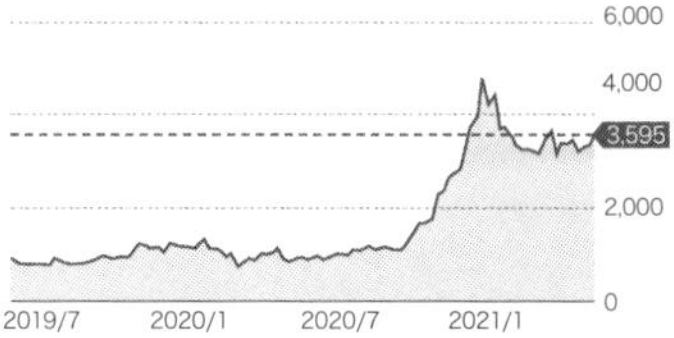

再生可能エネルギーの発電所建設から発電・運営までを日本・アジア地域で担う。太陽光発電から始まったが、現在では風力、地熱、木質バイオマスなどもバランスよく手掛けている。ベンチャーながら一気通貫で再生エネルギー事業を提供しているのは、地球の温暖化が深刻化するにつれて持続可能なエネルギー循環体制を作り出したいという創業者の思いが出発点となっている。再生エネルギー技術開発が欧米諸国と比べて周回遅れとなってしまった日本だが、原子力の発電比率を上げることができず、石炭の利用にペナルティが課せられる状況では、再生エネルギー事業を国策として育成していくことは喫緊の課題で、民間企業としてすでに安定的に運営をしている同社への期待は大きい。数十年にわたるテーマとなるため、長期的な投資対象として最適。

ジャパンエレベーターサービス（6544）

業種	サービス業	社長	石田克史

現在価格
2,331円 → 3,100円
目標株価

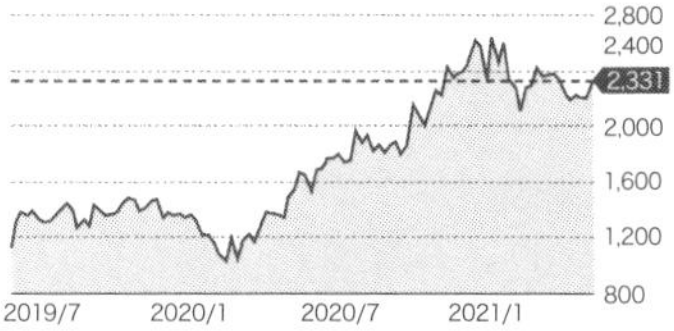

国内のエレベータ業界は大手数社に寡占されており、エレベータは計画性を持って長期的に修繕工事が必要となるため、設置後が儲けどころ。プリンタ本体を割安に販売して、インクトナーで儲けるビジネスモデルと類似している。工事を施工した企業と同一企業にメンテナンスを頼むのが一般的だが、ジャパンエレベーターサービスは割安な料金体系で大手の顧客を奪いながら成長している。独立業者は割安ではあるが、サービスレベルの信頼性が大手に劣りがちではあるが、JESは技術力の高いスタッフを育成するとともに、エレベーター保守・修繕用の汎用パーツを大量に在庫として抱えており、どのメーカーのエレベーターでも遠隔保守点検を請け負う。24時間態勢は当然のこと、迅速な対応で顧客の信用を得る。寝ても覚めてもエレベーターメンテナンスを考える創業者石田社長の下、地方の独立エレベーターメンテナンス会社を友好的にM&Aすることで全国規模の会社へ成長中。

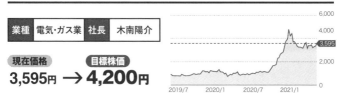

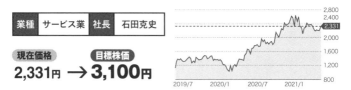

コシダカホールディングス(2157)

業種	サービス業	社長	腰高 博

現在価格 620円 → **目標株価** 1,200円

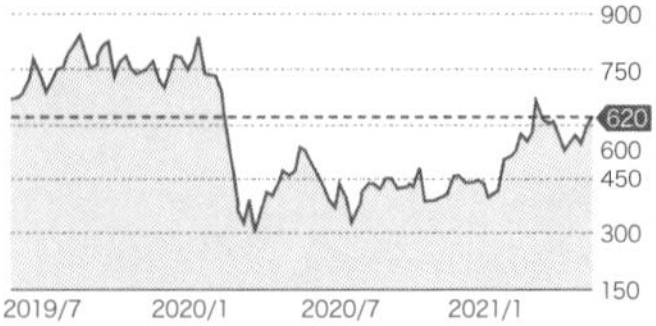

「カラオケまねきねこ」を運営。現在はコロナ禍を受け、典型的な"3密業種"として営業時短要請を受けるほか、集団でのパーティが控えられているため業績は低調だが、カラオケに対する潜在的な需要は変わっていない。目先の業績では買うことはできないが、業績悪化を耐えられるだけの十分な財務体質を備えているため、数年間この状況が続いても耐えることができる。新型コロナウイルス収束後の需要爆発に備えるべく、賃料が安くなった都心部のカラオケ出店を積極的に進めている。既存のカラオケビジネスモデルだけでなく、ゲーム・動画撮影などカラオケスペースの多目的利用を提案し、来店頻度を上げる戦略も得意。新型コロナ収束後にはこれまで溜まっていたパーティ需要が復活し、反動で業績が大きく伸びることが想定される。

エムスリー (2413)

業種	サービス業	社長	谷村 格

現在価格 7,195円 → **目標株価** 10,000円

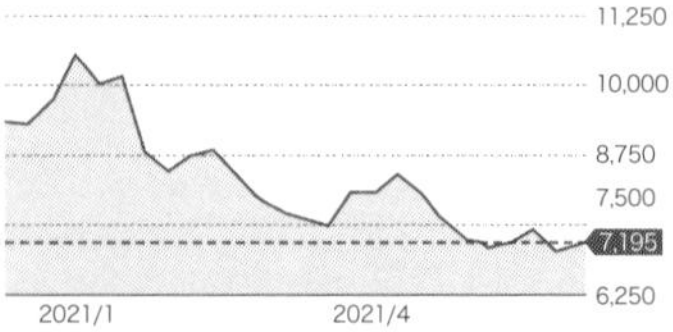

インターネットを利用した医療関連サービスを提供。特に製薬情報を網羅した「MR君」は、プラットフォームとして、国内の9割以上の医師が利用するデファクトスタンダードになっており、医師が薬の情報を入手する際には「MR君」を利用している。医療現場での新薬利用状況など、鮮度の高い情報交換も活発に行われており、情報源としてもはや欠かすことができない。新型コロナウイルス禍で、オンラインによる情報取得を迫られるようになったのも、同社にとっては追い風となった。社長はコンサルティング業界出身であり、人柄に惹かれて入社する人も多く、人材の質が高いことが他社との差別化要因となっている。同社のサービスは、日本だけでなくインド・中国など世界中で医療関係者に利用されている。数少ない日本発のメガベンチャー企業。谷村社長はエニグモの須田社長に三顧の礼で招かれて、エニグモの社外取締役を務めている。

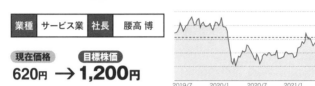

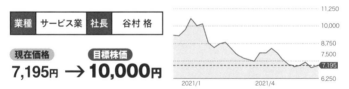

カカクコム（2371）

業種	サービス業	社長	畑 彰之介

現在価格
3,440円 → **目標株価** **4,200円**

家電製品などの商品価格比較サイト「カカクコム」が祖業。現在ではレストランの口コミプラットフォームである食べログ運営が売上に貢献。カカクコムの名前を知らなくても、「食べログ」の名前を知らない人はいないだろう。コロナ禍で自粛ムードが全国的に広まる中、食べログ事業は弱含み、2020年は我慢の1年となったが、食べログに頼らない複数の情報サイトからの収入があるため、増収増益路線を維持している。コロナ禍が鎮火すれば、人々は競って外食へ出かける。Googleでレストランの店舗名を入れると、食べログ由来のサイトが上位に挙がってくるため、外食客が戻れば食べログも活況を取り戻すはず。20年以上にわたってインターネット上に膨大なデータを蓄積してきたことから、同社を模倣するビジネスモデルを構築するにはそれを上回るデータを投下しなければならないため、参入障壁が高い。現在、カカクコム、食べログに次ぐ第三の事業の柱を育成中。

ニトリホールディングス（9843）

業種	小売業	社長	似鳥昭雄

現在価格
18,445円 → **目標株価** **23,000円**

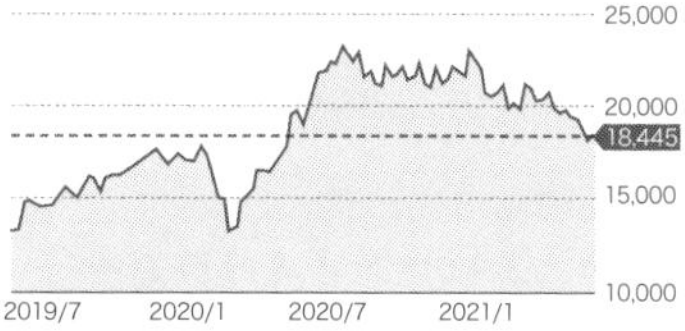

今や全国区となったニトリだが、創業は北海道。地方から出発して全国展開に成功した企業は、顧客が少ない中でも効率的に利益を生み出す術をローカル企業時代に身につけている。同様の例としてはコメダ珈琲などが挙げられる。似鳥社長は様々な仕事を渡り歩いたのち、家具店を創業。米国の視察旅行中、現地の家具用品店の品揃え、価格の安さに衝撃を受け、同様の家具を安い価格で提供することを社是として事業を拡大してきた。家具用品にとらわれず、インテリア全般のコーディネートを提供するよう事業内容を変更したことで、取り扱う商品の種類が広がり、顧客単価の向上につながった。大規模チェーンならではのメリットとして製造から販売までを一貫して手掛けるSPA形態が特徴。最近では競合の末に、島忠の買収に成功した。持ち駒が弱かった関東地方のネットワークを強化し、いよいよ本格的に関東地方に進出する。

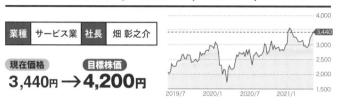

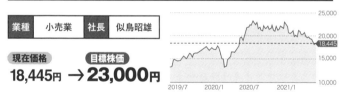

GMOペイメントゲートウェイ(3769)

業種	情報・通信	社長	相浦一成

現在価格
12,800円 → 15,000円
目標株価

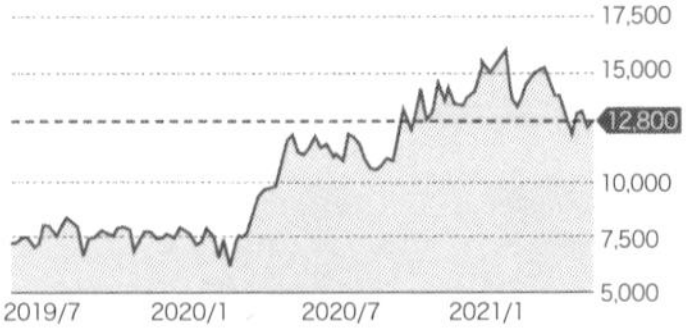

国内でインターネット通販を利用しているなら、ほとんどの人がお世話になっている決済代行サービスを提供している。顧客と店舗の間に入り、決済実務を代行する。現在は企業にとって利益率の高い後払いサービスを強化中。EC（電子商取引）では、クレジットカード情報や個人情報など、暗号化によって高度なセキュリティ対応をしたうえで送受信することが求められる情報を取り扱うため、これまでに実績のある会社のサービスが選ばれることになる。今後、実店舗でのキャッシュレス決済が進むにつれて、同社のサービスが利用される場面はますます増加していく。また、動画配信への課金分野での決済など、これまでの物販分野に限らず事業範囲を拡大している。なお、こうした増収増益企業の株価は基本的に割高に推移することが多く、同社の株もここ10年間、高い成長が期待される株価水準で推移してきた。

FOOD & LIFE COMPANIES(3563)

業種	小売業	社長	水留浩一

現在価格
4,820円 → 7,000円
目標株価

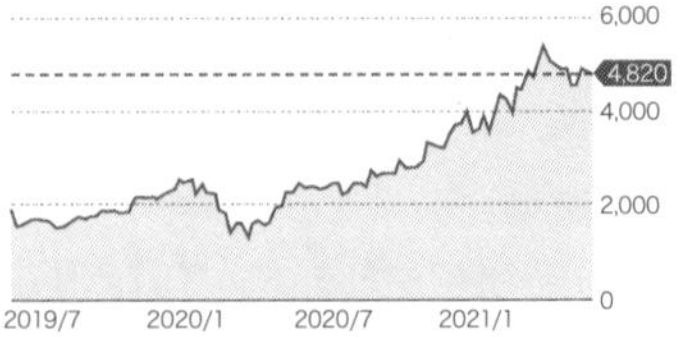

全国で580店舗以上を経営するスシローの親会社。スシローは主要回転寿司チェーンの中で唯一、カウンターのある寿司屋（鯛寿司）を発祥としている。いかにリーズナブルな値段で寿司を提供できるかを常に考え続ける超合理的寿司屋。職人技に頼らないすしロボットの導入、大量・一括仕入れによる原価低減、売れ筋の寿司ネタを時間単位で把握できるビッグデータ、全国チェーンの知名度を生かした積極的なCM展開、従業員と顧客の接触なしでのテイクアウトシステム、奇抜とも言える新規商品の継続投入など、時代に合わせてきめ細やかな改善を続けている。英語や外国人モデルを利用した同社ウェブサイトを見れば分かる通り、海外進出も見据えている。寿司は例外的に世界中で好まれる食べ物。国内で後発ながら寿司業界のトップ企業に上り詰めたそのビジネスセンスは、海外でも通用するはず。グローバル企業への展望も見えてきた。

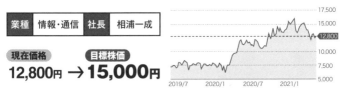

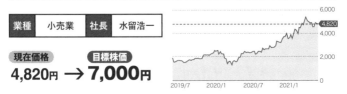

キッコーマン（2801）

業種	食料品	社長	堀切功章

現在価格
7,150円 → 目標株価 8,000円

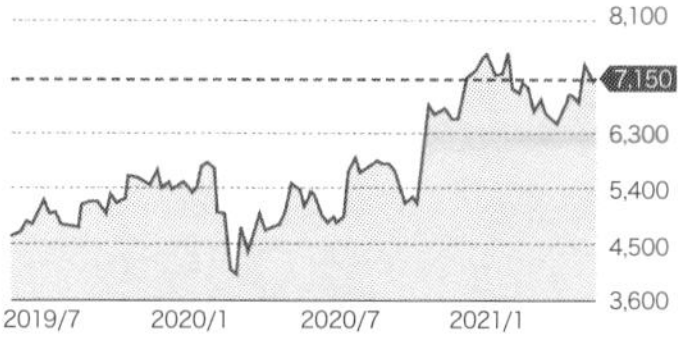

国内のトップ醤油ブランドのイメージが強いが、儲けの大半は海外売上。真空ペットボトルタイプ、減塩タイプ、調味料やドレッシングなど新規商品の開発を積極的に進めているが、いかんせん国内では競合他社がひしめいているため、価格競争は避けられない。さらに醤油は味の好みが地方ごとに違うため、統一商品で大きなシェアを取ることが難しい。関東地方の濃口醤油、関西地方の薄口醤油、九州地方の甘い醤油など、それぞれの気候風土・料理に合った醤油が使われている。一方、醤油作りが行われていない海外では事情が異なる。醤油の消費量そのものは少ないが、北米を中心に醤油といえばキッコーマンというブランドイメージを確立しているため、価格競争に巻き込まれず国内の２倍以上の粗利を確保している。今後も海外展開が魅力的。伝統的に創業家出身者が経営の指揮を執ることが多いが、適材がいない場合には外部人材を積極登用するなど、柔軟な経営姿勢が特徴。

デジタルアーツ（2326）

業種	情報・通信	社長	道具登志夫

現在価格
8,150円 → 目標株価 11,000円

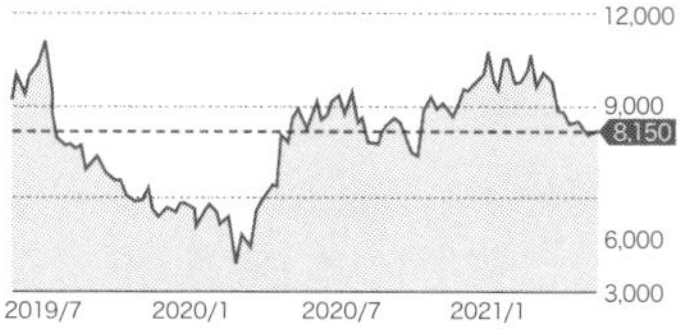

企業向けセキュリティソフト大手。企業用のセキュリティソフトは、企業ごとの業務特性によって、また業務部門の特性によって、役職員に閲覧を許可できるサイトの範囲をきめ細かく設定するニーズに応えることが求められる。新型コロナ禍でオンラインでの情報収集が増加する半面、セキュリティに穴のあるウェブサイトを訪問することで、個人情報を含む重要情報が漏洩するリスクも高まる。そこで、システム管理部門としては、リスクとリターンのバランスを見ながら閲覧範囲を定める必要があるため、セキュリティソフトでトップシェアを持つ同社には顧客から有害サイトやウイルス情報が日々フィードバックされている。顧客から得られた知見を即時にサービスに反映して、契約先の企業活動に支障が出ないようウェブサイトの安定運用に裏方で貢献。一度サービスを利用すると、乗り換えコストが高いため解約率が低いのも強み。

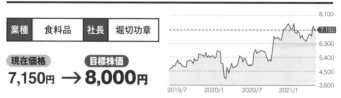

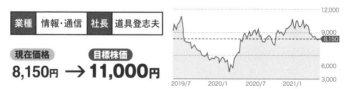

イー・ギャランティ（8771）

業種	その他 金融業	社長	江藤公則

現在価格
2,271円 → 3,000円
目標株価

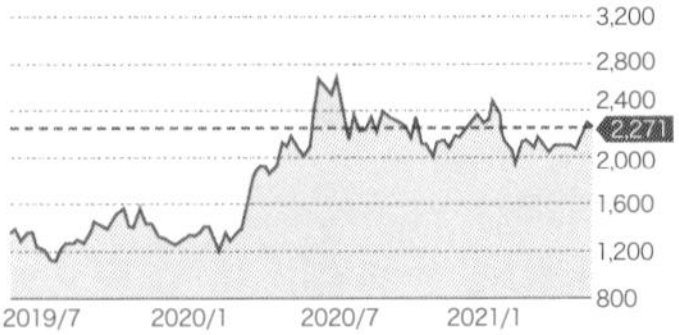

企業の売掛金保証に特化した金融機関。同社のサービスを利用することで、事業会社は取引先への売掛金について一定額を同社から補てんしてもらうことが可能となり、債権回収リスクを抑えながら事業を進めることができる。新型コロナ禍では飲食店・アパレルなど企業の倒産リスクが強く意識されることとなり、同社には追い風となった。また、同社は取引先への保証リスクを、再保証することによりリスク移転している。同様のビジネスモデルは生保・損保でも同じ。イメージとしては保険会社と捉えると分かりやすい。上場以来増収増益を続けていることからも分かる通り、B to B取引の売掛保証は景気動向に左右されない。一度利用すると継続利用してもらえる可能性が高く、積み上げ型のビジネスモデル。派手さはないが、着実に顧客基盤を増やしている。これまでの取引先与信調査（信用調査）で積み上げたビッグデータを基に、今後新規ビジネスを展開することが期待される。

GMOインターネット（9449）

業種	情報・通信	社長	熊谷正寿

現在価格
2,979円 → 3,300円
目標株価

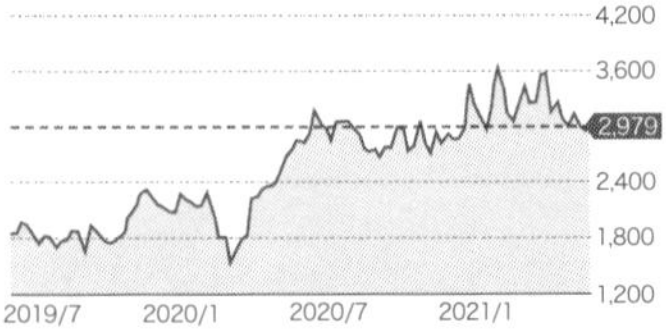

天才起業家、熊谷氏が率いるインターネット事業集団。知られていないがインターネットのドメイン事業は同社が言わば国内の卸となっていて、ウェブサイトのドメイン（～.com、～.co.jpなど）が増えるほど収益が増える。その他、金融・決済といった岩盤収益基盤を保有している。財務基盤の優位性を活かし、本体・子会社を通じて、仮想通貨などの新たな分野への積極的な進出が特徴的。新型コロナウィルスの感染拡大が始まった2020年2月頃、いち早くリモートワーク態勢を整備して、従業員の安全を確保し利益水準を維持した点からもそれは窺える。他に先駆けてサービスを開始することが企業DNAに組み込まれているため、同社株を保有していることはそうした新規ビジネスにいち早く投資できるのと同義。なお、インターネットやドットコムという名前がついているインターネット関連会社は2000年代前半までに創業された“老舗企業”であることを示している。

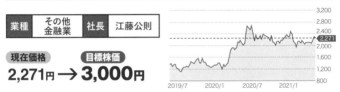

MonotaRO (3064)

業種	小売業	社長	瀬戸欣哉

現在価格 → 目標株価

2,555円 → 2,900円

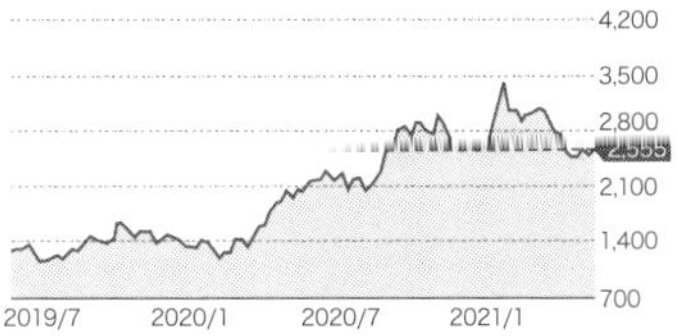

インターネットで、中小企業・自営業者向けに工場や作業現場で利用する道具を釘1本から届けるサービスを展開。これまで工具・消耗品などはホームセンターなど専門店で購入するか、卸先から一定のロットで購入するしかなかったが、モノタロウはその間隙を縫ってビジネスチャンスを捉えた。このビジネスは現場の消耗品がメインであり、「旬」の商品がないことからトレンド変化に伴う在庫リスクが少ない。同業である米国グレンジャー社が筆頭株主であることも影響してか、合理化精神の塊のような企業であり、安定的に利益を生み出し続けている。先行者利益を活かして顧客基盤を広げ、顧客満足度が上がるよう商品問い合わせやトラブルへの対応速度向上、配達スケジュールの短縮のための大型物流拠点の建設など、継続的にビジネスモデルを磨いている。この分野では、さすがのアマゾンも太刀打ちすることができない。保有期間に応じて同社の製品を選べる株主優待制度を導入。

SHIFT (3697)

業種	情報・通信	社長	丹下 大

現在価格 → 目標株価

15,260円 → 18,000円

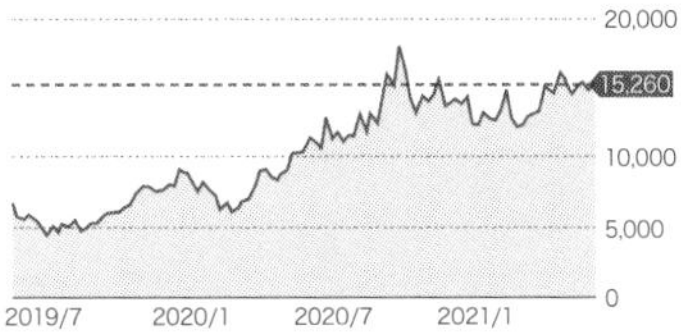

システムやアプリが仕様通り機能するか、ユーザ側に代わって確認するテスター代行業。従来のバグチェックは不慣れなユーザがテストシナリオを作り、システムが期待通りに作動するかをチェックするのが一般的だった。しかし、この方式はユーザー側の練度が低いことからテストに時間がかかる。さらに、テストシナリオが起こり得るすべての場合（すべての論理パターン）を網羅しておらず、重要なシステムエラーが検出されずにリリースされてしまうというリスクを抱えていた。SHIFTは、この問題点を専門家にアウトソーシングすることで解決。次第にSHIFTの方法が合理的であるとの評判が広がり、着実に顧客のすそ野を広げている。ITシステム開発者の不足が叫ばれる昨今だが、ユーザーテストも重要な開発工程の一つ。今後、専門家によるシステムチェックが常識となれば、ライバルが少ないことから同社の業績は飛躍。海外進出も有望。日本品質のテスター代行業が世界に羽ばたくか。

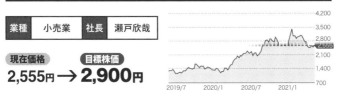

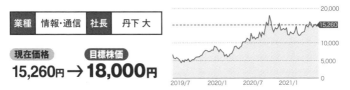

長田淳司（ながた・じゅんじ）

サラリーマン投資家を支援する投資家。1981年8月生まれ。一橋大学を卒業後、某金融機関に勤務。機関投資家向けの有価証券管理業務や海外営業に従事。現在、自身もサラリーマンとして株式投資を続ける。2005年から株式投資を開始。一攫千金を狙い短期急騰銘柄への投資に挑戦するも高値でつかみ、損切りできずに100万円以上のマイナスを経験する。さらに、リーマンショック期に損失は500万円に膨らむ。貯金のほとんどを失い、何をすることもできなくなる中、もう一度、株式投資に挑戦することを決意。損失が膨らんだ原因を分析し、敗因は「銘柄の基本的分析、資金管理をせずに感情に任せていた」と気づく。その後、投資スタイルを見直し、サラリーマンとして自分に合った手法、リスクを限定させリターンを得る手法を試す。様々な試行錯誤を繰り返し、「株は理論価格に収斂する」「中・長期で成長する銘柄に投資する」「チャンスを待ち、チャンスを見極める」という独自のスタイルで株式投資を続ける。その結果、ポジションを拡大、投資スタイルを確立させ、300万円の資金から7000万円強まで増やす。株式投資の初心者向けに経済誌の解説や株式投資の知識を紹介する、オンザボード「株式投資　虎の穴」に出演中。中小企業経営者、ビジネスパーソンを中心に延べ3000人を対象に投資セミナーを行う。分かりやすさと実践的な内容で、セミナー講師としても好評を博している。

●長田淳司のメールマガジンはこちら https://www.growth-stock.com/mailmag
●著者メールアドレス nagata.junji1981@gmail.com
●オンラインサロン連絡先 https://www.growth-stock.com

株《かぶ》はメンタルが9割《わり》

投資家脳《とうしかのう》に変《か》わらなきゃ株《かぶ》は一生《いっしょう》勝《か》てない

2021年８月１日　第1刷発行
2022年12月21日　第4刷発行

発行者 ―――― 島野浩二

発行所 ―――― 株式会社双葉社
〒162-8540　東京都新宿区東五軒町３番28号
［電話］03-5261-4818（営業）　03-5261-4827（編集）
http://www.futabasha.co.jp/
（双葉社の書籍・コミック・ムックが買えます）

印刷所・製本所 ― 中央精版印刷株式会社

装丁・デザイン―― 鈴木徹（THROB）

編集協力 ―――― 鈴木実（21世紀BOX）

ISBN 978-4-575-31635-3　C0076